문제 해결

문제 해결

초판 1쇄 발행 2021년 9월 15일
개정판 1쇄 발행 2022년 9월 23일
개정2판 1쇄 발행 2024년 6월 30일

지은이 이윤구
펴낸이 장길수
펴낸곳 지식과감성#
출판등록 제2012-000081호

교정 주경민
디자인 이은지
편집 이현
검수 정은솔
마케팅 김윤길, 정은혜

주소 서울시 금천구 벚꽃로298 대륭포스트타워6차 1212호
전화 070-4651-3730~4
팩스 070-4325-7006
이메일 ksbookup@naver.com
홈페이지 www.knsbookup.com

ISBN 979-11-392-1931-9(03190)
값 34,800원

- 이 책의 판권은 지은이에게 있습니다.
- 이 책 내용의 전부 또는 일부를 재사용하려면 반드시 지은이의 서면 동의를 받아야 합니다.
- 잘못된 책은 구입하신 곳에서 바꾸어 드립니다.

지식과감성#
홈페이지 바로가기

개정2판

문제 해결

글 이윤구

서론

현장에서 문제를 소소하게 해결한 경험과 느꼈던 점을 바탕으로 적었다. 다양한 시각이 필요하다 생각되고 글로 표현해야 잊지 않을 거라 생각한다.

문제를 해결하고자 할 때 무엇보다 중요하다고 생각하는 것은 순수하게 보면 결과만을 생각해야 하지만 문제 제기, 문제 인지, 정보 분석, 시뮬레이션, 문제 해결로 이어지는 일련의 전체적인 흐름을 이해하지 못한다면 그 결과치는 오류가 발생되기 쉽다.

그래서 문제 해결을 위한 핵심 키워드도 어느 정도 핵심을 짚었다 생각되어 어떻게 하면 문제를 잘 해결해 나갈까 좀 더 디테일하게 혹은 거시적 관점과 선례로 적어보고자 한다.

이 또한 하나의 시스템, 엔진, 흐름을 이해한다 생각하면 편할 거라 생각된다.

기록 차원에서 몇 자 적었는데 많이 못 적어서 아쉽지만 일단은 해보고자 한다.

나의 생각은 적었다고 본다. 인간은 완벽하지 않다고 본다.

차
―
례

제1장 | 문제 해결 (1~100)

1. 순수	14	26. 무대	63
2. 책임감	18	27. 고정 관념	64
3. 단순성	20	28. 효과성	65
4. 일관성, 반복성	22	29. 적극성	67
5. 소리	24	30. 차이점	68
6. 전기적 문제, 화학적 문제	25	31. 전문가	69
7. 한계점	26	32. 자극	70
8. 조립의 문제, 재조립의 문제	28	33. 플랜 B의 오류	71
9. 압력	29	34. 여유	72
10. 시간	33	35. 목격자적 생각	73
11. 근거	38	36. 무한 상상력	74
12. 시뮬레이션	39	37. 중력	77
13. 거시적 안목	43	38. 정보 분석 능력	78
14. 자신감	45	39. 혁신	80
15. 목적성	46	40. 브레인	81
16. 고견	48	41. 소통	82
17. 경청	49	42. 합리성	83
18. 경험	50	43. 시스템	84
19. 건전한 상식	52	44. 자본	85
20. 공통분모	53	45. 인내심	86
21. 매뉴얼의 충실성	54	46. 아이디어	87
22. 원인 분석	55	47. 공식화	90
23. 정직	58	48. 금	91
24. 사기 진작	60	49. 무한한 가능성	93
25. 의지	61	50. 겸손	94

51. 과학적 상식 95	76. 문제 제기 136
52. 희생 96	77. 사고의 특성 138
53. 다 함께 97	78. 권위 143
54. 나 98	79. 결과 144
55. 전 상황 99	80. 백업 시스템 149
56. 인권 100	81. 그만한 이유 150
57. 구분 101	82. 메모 151
58. 안정성 106	83. 반론 153
59. 비중 107	84. 문제 해결 154
60. 간과 109	85. 인간의 감각 165
61. 기계 111	86. 구심점 166
62. 다양성 118	87. 일 167
63. 현장 120	88. 인정 170
64. 애국심 122	89. 문제 인지 172
65. 적격자 123	90. 섬세함 180
66. 생각의 차이 124	91. 보는 것 181
67. 소유 125	92. 고통 184
68. 랜덤 126	93. 신념 188
69. 부족 129	94. 편안한 마음 189
70. 신속성 130	95. 직접 190
71. 장작 패기 131	96. 하나를 알아야 열을 안다 191
72. 단정 132	97. 냉각 192
73. 예와 정성 133	98. 그나마 작은 성의 193
74. 자유 134	99. 현실 194
75. 숨은그림찾기 135	100. 현장을 떠나 생각해 보기 196

제2장 | 문제 해결 사례 1
세월호 사고 원인 분석 (1~99)

1. 세월호에 대한 이런저런 생각들   200
2. 30psi   201
3. 세월호에 대한 나의 각오   202
4. 세월호 사고 원인 분석   203
5. 상상의 자유로움   206
6. 인간이 만든 엔진   207
7. 왜 강한 조류를 무시하는가?   208
8. 리버스에 주목해야 하는 이유가 있다   210
9. 기계에서 'N'에 대한 생각들   211
10. 상당한 데미지가 있어야 한다   212
11. 문제 제기의 타당성 검토   214
12. 속도가 왜 줄었을까?   216
13. 시뮬레이션의 필요성   218
14. 다양성이 필요한 이유   219
15. 사고 전 5초를 상상해 본다   222
16. 가설의 조건   224
17. 다 있다   226
18. 기계의 행적   228
19. 문제의 본질   229
20. 어떻게 받아들일 것인가?   231
21. 선장의 스킬은 뭘까?   232
22. 기계를 아는 사람이라면…   234
23. 엔진 브레이크란?   235
24. 엔진과 바디가 별개로 움직인 상황   237
25. 받는 압력을 생각해야 한다   239
26. 사고의 원인: 속도   241
27. 사고의 원인: 평형수   243
28. 사고의 원인: 엔진 브레이크   245
29. Re에 대한 불편한 진실   248
30. 선회율   249
31. 처음이 어려운 거지…   251
32. 주안점   252
33. 찝었다, 물었다, 과압이 걸렸다   254
34. EB로 인한 손상 부위 가능도   255
35. 문제 해결의 조건   256
36. 문제 인지는 본인 책임이다   257
37. 급회전에는 두 가지 방법이 있다   258
38. 시소 놀이와 선수각 틀기   259
39. 작금의 문제의식   261
40. 세월호: 관심 먼저 가져와야 한다   262
41. 사고의 원인: 공통분모   263
42. 나만의 상상   264
43. 곡선의 힘   265

44. 평형수를 빼서 운전하는 방법 267	65. 시간이 지나고 보면 301
45. 선례가 없는 사고 274	66. 엔진을 봐야 한다 302
46. EB로 인한 무게 중심 변화도 275	67. N의 구분 303
47. 뭐가 그리 급했나? 276	68. 거시적 흐름 304
48. 기계 S.B.E 277	69. 엔진의 효율성 305
49. Electrical Signal 278	70. 아이디어를 간과하면 안 된다 306
50. 세월호: 최악의 경우가 온 사고였다 279	71. 세월호의 무게 중심선에 대한 생각 307
51. 세월호: 어떻게 접근해 가야 할까? 281	72. 믿기 힘든 사고 308
52. 마지막 항적이 수상하다 282	73. 시간에 따른 무게 중심 변화도 309
53. 결과는 정해져 있다 284	74. EN에 대한 생각 변화 311
54. 세월호를 이해하는 핵심 키워드는 무엇인가? 285	75. 현장 제일의 원칙 313
55. 항적도의 이해 287	76. 이중 작업이 문제였다 314
56. 기계에 영향을 미치는 요소 289	77. 시간이 지나고 나서의 문제 인지 315
57. 항적도에 따른 엔진 상태 분석 290	78. 무게 중심과 무게 중심 316
58. 가능성 292	79. 무게 중심의 입체도 319
59. 문제 해결의 기본 294	80. 세월호는 실전이다 321
60. 고정관념 295	81. 추정도 322
61. EN 297	82. 유체를 넣은 이유 323
62. 기본에 충실해야 한다 298	83. 시간 325
63. 엔진 299	84. 비중의 차이 326
64. 배가 왜 흔들릴까? 300	85. 리버스에 대한 생각들 327

문제 해결

- 86. 엔진 브레이크　329
- 87. 전형적인 전기 사고
  (Electrical Accident)다　331
- 88. 인간과 기계　332
- 89. accident　333
- 90. 과연 사고를 낼 수 있는가?　335
- 91. 멀쩡한 배　337
- 92. 사고의 정의　338
- 93. 압력의 변화　340
- 94. 문제를 해결함으로써
  사기 진작에
  좋은 본보기가 될 수 있다　341
- 95. 가중 압력　342
- 96. 사고 직전　343
- 97. 소리　344
- 98. 왜 EB는 없다고
  생각하는 것일까?　345
- 99. 두 개의 강력한 압력　346

문제 해결

제 1 장
문제 해결
(1~100)

01 순수

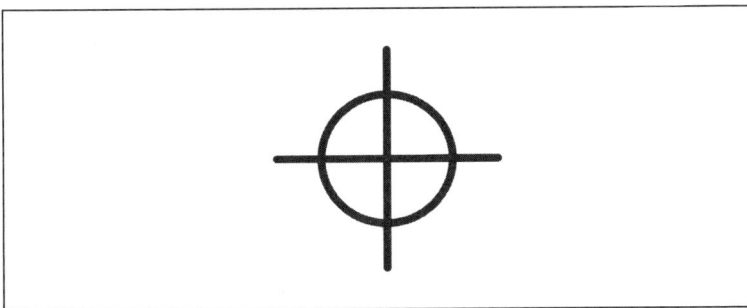

- 시뮬레이션상에서 문제가 된 부분은 반드시 찾고 해결해야 한다.
- 열심히 일하겠다는 것
- 부여된 미션을 의무적으로 행하는 것
- 문제를 해결한다는 것은 순수성을 가미하는 것이다.
- '없다', '안 된다', '할 수 없다'가 아닌 모든 가능성을 열어 생각하는 것
- 순수성이 있는가? 없는가?
- 전문가적 시각이나 일반인의 시각에서 기계 어느 곳에 있는지 모를 순수함을 찾는 것이다.
- 없다가 있거나 생긴 것
- 있다가 없거나 사라진 것
- 비중이 낮은 생각
- 원래 있었는데 몰랐던 부분

- 그냥 아무 생각 없이 문제를 해결하고자 하는 마음
- 있는 그대로를 보고 느끼고 생각하는 것
- 기본에 충실한 것
- 대세가 무엇인가. 어느 쪽이 가장 영향력이 있는지를 보는 것이다.
- 무작정 행동에 옮기는 것
- 차려진 밥상이 맛이 있는지 없는지는 생각 안 하고 그냥 맛있게 먹는 게 순수한 거다.
- 프로그램 혹은 시스템에 어긋나는 것을 인지
- 순수함이 문제 해결을 위한 최고의 가치다.
- 유일한 방법을 찾아내는 것이다. 다만 시간이 지나면 두 개 이상의 방법론도 나올 수 있다.
- 없는 부분을 생각해야 한다. 왜 없는지 → 문제 해결이다.
- 물 흐르듯 결과에 승복하는 것
- 있는 그대로 받아들이는 것. 진실은 힘이 있다.
- 순수한 사람만이 압력을 이해할 수 있다.
- 문제를 봤을 때 순수해질 필요가 있다. 왜냐하면 문제를 풀어야 하기 때문이다.
- 목표에 충실히 따르는 것
- 다른 사람의 의견을 전혀 고려하지 않는 것이다.
- 팩트를 있는 그대로 받아들이는 것
- 문제를 바르게 보는 가장 첫 번째 단계는 그것이 순수하냐를 보는 것이다.
- 문제 해결에는 우선 순서가 있고 이 순리에 따르는 것이 순수라

생각된다.
- 비중이 낮은 생각
- 입체적인 생각
- 개인의 이익이 전혀 없는 생각
- 현장에서 순수하면 대다수 혹은 더러는 문제를 보고 해결할 수 있다.
- 문제를 바라볼 때의 한 방법론이라면 순수하게 비중을 낮추는 것으로 문제의 거시적 흐름을 이해할 수 있지 않나 싶다.
- 순수하다는 것은 문제 해결의 의지만을 이야기하는 것이다.
- 문제 해결에 있어 고통이 수반되어야 순수함이 있다 하겠다.
- 그 물체나 유체, 기계에서 순수성을 찾아내는 것이 문제 해결이다.
- 긍정적인 마인드
- 문제 해결을 순수하게 보면 단 한 명만이 할 수 있다는 생각이 순수성을 찾는 것이다.
- 사고의 원인을 분석할 때는 다른 사람들의 의견보다 자기 자신의 생각에 집중할 필요가 있다.
- 뭔가 있다고 느낀다면 순수성이 있고 반드시 해결해야 할 문제다. 경험상 방법론을 생각하면 된다.
- 선택이란 가져온다는 말이다. 기회란 주거나 받는 것이다. 여기서 받는 것보다 주는 것에, 단점보다 장점에 집중할 필요가 있다.
- 결과 도출 능력을 극대화하는 것
- 문제 해결의 시간이 빠르고 늦음이 중요한 것이 아니라 원점에서 벗어나지 않는 것이 중요하다 하겠다.
- 원하지 않은 결과더라도 사실 관계를 확인하는 데 있다.

- 일을 열심히 하는 것
- 순수하게 조용히 따라가는 것도 문제 해결의 일부이다.
- 할 수 있는가? 가능한가?를 보는 것이 문제 해결이다.
- 인생은 짧지만 문제 해결자는 그저 과정 정도로만 봐야 한다.
- 이리저리 재는 것이 전혀 없는 마음
- 유일무이하거나 동종 이종에서도 생각해 볼 수 있다.
- 문제 해결이 안 되는 이유 중에 가장 큰 요소는 순수하게 보면 사람이 솔직하게 인정하지 못한 부분이 있기 때문이다. 개인의 논리든 조직의 논리든 말이다.
- 결과에 대한 기준점 A를 상상할 때 B와 C 합이 A가 나와야 되는데 B와 C 각각의 기준점이 A에 일치 되지 않는 경우를 생각하는 것이다. 자기가 보고 원하는 결과를 상상하는 것이다.
- 순수하면 보이는 게 많다 정말로.
- 공통분모를 생각하거나 반드시 거쳐야 하는 사안
- 비중이 큰 문제를 못 푸는 경우는 조직이나 사회가 순수하지 못하지 않았나 하는 생각이 든다.
- 물체 A의 순수성과 물체 B의 순수성은 다르다는 것이다. 여기서는 전혀 다른 기계나 물체를 의미한다.
- 다른 생각이나 사실을 전혀 계산하지 않고 오직 문제 해결만을 하고자 하는 마음

02 책임감

- 누군가는 해야 할 일
- 누군가는 해야 할 일이고 누군가는 책임져야 할 일이라면 그건 내 일이고 내가 책임져야 하는 것이다.
- 때론 자기가 원하지 않았던 일도 하는 게 책임감이라 할 수 있겠다.
- 누군가는 책임져야 한다면 그게 나여야만 한다고 생각해야 한다.
- 진정성 있는 책임감은 고통을 이겨 내는 것이나 결코 쉽지는 않을 것이다.
- 처음부터 천재는 있을 수 있다. 그러나 노력한 천재, 노력하는 천재는 후천성을 지닌다. 책임감은 후천적으로 길러지거나 자신의 노력으로 이루어지는 것이다.
- 희생이 따르더라도 임무를 완성하는 것이 책임이다.
- 기본적으로 성실함이 필요하다. 그러나 성실함만 있다면 바보처럼 보일 수도 있다.
- 말과 행동에는 책임이 따른다.
- 책임 있는 말과 행동이 필요하다.
- 인정받지 못하는 일이 있더라도 반드시 해야 하는 일
- 인간의 알 수 없는 과실을 밝히고 차후 안전을 도모하는 것
- 책임감이 보이지 않는 문제

- 빠른 문제 해결이 시간, 비용 등을 덤으로 해결한다.
- 문제를 해결한다는 것은 시간을 줄인다는 것이다.
- 시간을 단축하는 것만으로도 충분히 문제가 해결될 수 있다.
- 의무를 가지고 책임을 진다는 것은 결과에 승복하는 게 아니라 그 이전에 결과가 두렵고 무서워서라도 일하는 과정에서의 말과 행동이 필요하다는 것이다.
- 계급, 직위에 연관이 전혀 없이 책임을 다하는 행동. 일하는 것
- 책임이란 문제 제기를 하는 것이 아니라 문제를 풀고 증명해 내는 것이다.
- 희생의 상위 개념. 어찌 됐든 뭔가는 해내야 한단 말이다.
- 비중이 높은 사고의 경우 책임에 있어선 조직이나 사회적 비중이 높은 부분부터 책임을 지는 것이 타당하다고 본다. 그런 사회가 되었으며 한다.
- 아무도 하지 않는 일, 그러나 누군가는 해야 할 일을 하는 것
- 책임감이 떨어지면 죽도 밥도 안 된다. 부드럽게 확실히 할 필요가 있다.
- 인생은 선택의 연속이다. 그 선택에 대한 책임은 전적으로 본인이 져야 한다.
- 시간에 구애받지 않고 열심히 노력하는 것
- 책임이란 고통을 수반한 행위이다.
- 인간이 하든 기계가 하든 간에 결과에 대한 인간이 책임질 필요가 있다.
- 문제를 해결해야 하는 위치나 직무 담당자가 문제 해결 실패 시 책임을 지는 것이 진정한 책임이라 할 수 있다.

03 단순성

- 문제 되는, 혹은 문제 가능성이 있는 요소를 몇 가지만 골라서 집중적으로 분석한다.
- 삼라만상 중에서 두 가지 혹은 세 가지만 중요하게 생각한다.
- 인간의 지식이나 상상력에는 한계가 있다.
- 문제를 쉽게 풀기 위함이다.
- 한 가지 결론이 문제를 해결한다.
- 문제를 단순화하는 것은 결국 시간과 비용을 줄이기 위해서다.
- 결과는 알고 보면 단순성을 지니기 때문에 문제의 접근을 단순화 시킬 필요가 있다.
- 단순화한다는 것은 문제 발생을 미연에 방지하기 위함이고 문제 해결을 신속하게 하기 위해서다.
- 서술적 내용을 한 단어로 줄이는 것
- 단순성을 가져오는 이유는 시간을 줄이기 위함이다.
- 문제를 단순화하여 문제를 해결하기 위함이다.
- 알고 보면 간단하다. 그러니 문제 인지 과정에서 간략화할 필요가 있다.
- 오히려 비중이 큰 사고는 접근 방식을 단순하게 가지고 가는 게 좋을 때가 있다.

- 문제 인지 시 단순성이 있는가를 살펴볼 필요가 있다.
- 예를 들어 세상을 표현한다면 물체와 유체로 이루어졌다.
- 단순성이 필요한 이유는 문제를 쉽게 풀기 위함이다. 문제는 랜덤성이 포함되어 있다. 그러므로 문제를 특징화, 수치화, 공식화 등을 해서 해결하는 것이다.

※ .(점)과 ..(점점), ―(선)에 관한 생각들
  1) .(점)은 마친다, 아니다, 있다, 단순성 등의 의미로 생각해 볼 수 있다.
  2) ..(점점)은 일관성, 반복성, 같다 등의 의미로 생각해 볼 수 있다.
  3) ―(선)은 연속성, 전체적인 과정, 부분성, 기준점으로 생각해 볼 수 있다.

04 　일관성, 반복성

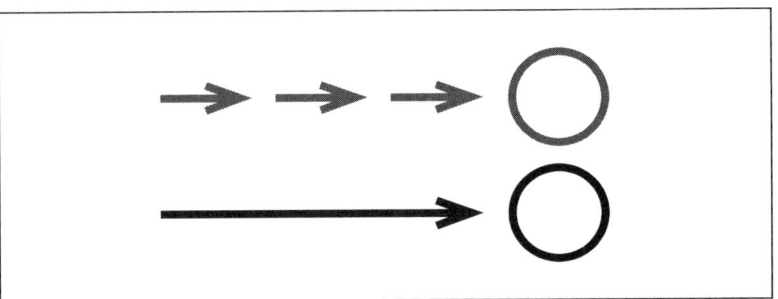

- 두 가지 이상의 보이는 부분을 확인하는 것
- 두 가지 이상의 숨겨진 요소를 찾아내는 것이다.
- 문제를 해결한다는 것은 일관된 데이터나 반복적인 데이터를 찾는 것이다.
- 장인 정신, 꾸준함, 시간을 길게 가져가는 것
- 랜덤성이 아닌 일관성을 갖는다는 것은 문제 인지의 명확성을 가질 수 있다. 가진다.
- 인간은 문제 해결 후 상태의 연속성 및 일관성을 가지기를 원한다.
- 너무 스마트하면 일관성을 확인하기 어렵다.
- 문제 해결은 알 수 없는 일 = 랜덤 = N을 일관성 있는 데이터로 바꾸는 것이다. 영원히, 인간사가 멸종할 때까지 말이다.
- 사고 후 일관성 있는 데이터를 찾아보는 것이다.

- 작업도 반복적으로 하고 문제 해결도 반복적으로 한다.
- 따라가기만 해도 어느 정도 안정을 찾을 수 있다.
- 랜덤적인 문제를 일관성 있게 하는 것은 시간과 비용을 줄이기 위해서다.
- 문제 해결을 위해서는 반복적으로 접근이 필요하다.
- 떡 본 김에 제사 지낸다는 말이 있다. 문제를 해결하고 나면 다른 문제를 해결하고 싶어진다. 문제를 해결하고자 하는 욕망이 솟구치는 것을 느끼게 된다. 문제를 반복적으로 해결하고 싶어진다.
- 즐긴다는 것은 곧 중독을 의미한다.
- 반복되는 것은 때로는 장점이 있다. 압력으로 치면 저압을 가져올 수 있어 문제를 해결할 수 있다.

05 소리

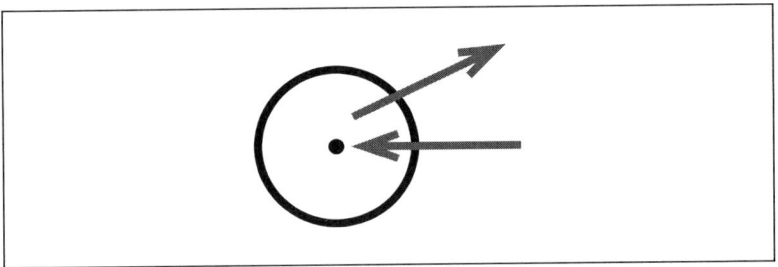

- 기계의 소리는 일관성이 있어 분석이 가능하다.
- 기계의 소리로 압력 변화 및 물체의 이동 상황을 알 수도 있다.
- Sound
- 소리가 안 났다가 난 것만으로도 문제 인지를 할 수가 있다. 곧 문제 해결이라 볼 수 있다.
- 소리를 데이터화, 그래프화하는 등 일관성을 가져오고 경험을 갖는 것이 문제 해결의 기본이라 할 수 있다. 물론 응용성을 갖는다면 더할 나위 없겠다.
- 소리는 빛보다 느리지만 일관된 데이터를 갖는다.
- 변화하는 기계의 압력을 이해하는 데 소리도 한몫한다.
- 일반적으로 물체와 물체나, 물체와 유체나, 유체와 유체 사이에서 나오는 소리의 빅 데이터를 기억할 필요가 있다.
- 인간이 느끼기에 소리도 비중에 따라 다르게 나타난다.

06 전기적 문제, 화학적 문제

- 특수한 기계 사고 시 현장에서 전기적인 문제를 빼놓고는 죽었다 깨도 문제를 해결하지 못한다.
- 전기적인 사고의 특징은 일관성과 랜덤성이 동시에 존재할 수 있다는 것이다.
- Electricity, Chemistry
- 특수한 사고라 할 수 있다.
- 화학적인 문제의 경우 증거 찾기나 원인 분석이 어렵다. 버리거나 랜덤성이 있다는 것만 알고 결과론적 분석이나 전 상황 분석 등이 필요하다.

07 한계점

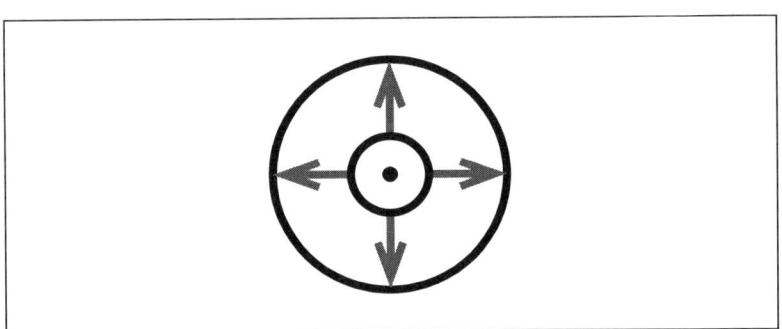

- 문제 해결 과정에서 가장 먼저 생각해 볼 사항
- 물
- 불
- 공기, 기온, 바람 등등
- 예를 들면 영하 10도에서 14도 정도의 제천 화재 사고나 밀양 화재 사고
- 다른 예로 영상 35도에서 40도 정도의 유치원 통학 버스 사고
- 먼지 = 간섭, 스케일, 슬러지, 이격, 충돌 등등. 이는 기계적 사고가 99%를 차지한다.
- 인간의 능력은 사람에 따라 차이가 날 수 있으므로 문제 인지 능력을 강화하기 위한 센서 등 기계의 안전장치 부착은 결국 인간의

생존에 도움을 준다.
- 인간의 지식이나 정보 수집 능력에는 분명 한계점이 존재한다. 문제를 해결하기 위해서는 상상력을 극대화하는 것으로 주안점을 유지해야 한다.
- P → 궁극적으로 압력에는 한계점이 있다.
- 현장에서는 무슨 일이든 일어날 수 있어 최악의 경우를 생각해야 한다.
- 인간의 능력이나 지식에는 분명 한계점이 있다는 것을 알아야 한다. 솔직히 인정할 필요가 있다.
- 인간이 만든 물체는 궁극적으로 한계점이 존재한다.
- 가역성
- 다른 시각으로 보이지 않는 문제를 생각하고 상상한다.
- 절제
- 공급 제한
- 인간의 욕심은 끝이 없다. 그래서 그 사안 그 사고에 대해 문제를 인지할 정도로만 다가서고 모든 것을 다 섭렵하려면 머리가 깨지지 않을까 생각된다. 그래서 넘길 건 넘기고 단 한 줄이라도 한계점을 인지하고 깨달음을 얻으라는 것이다.

08　조립의 문제, 재조립의 문제

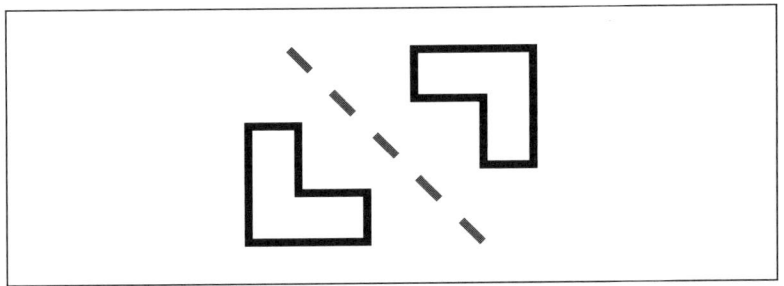

- 정책의 변화
- 정비 후 문제가 발생된 경우
- 정책의 변화나 발생이 문제의 발생이나 정책 문제 해결을 요구한다.

09 압력

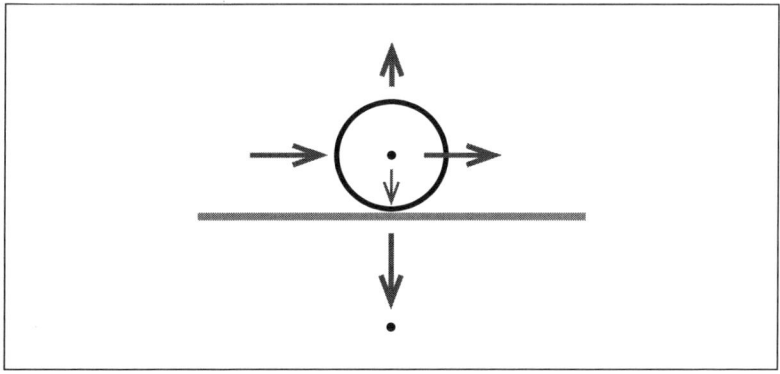

- 삼라만상
- 어떤 물체에 작용하기 전과 작용 당시와 작용 후의 모든 것
- Pressure
- kg과 psi의 장단점. psi는 전문가만이 볼 수 있는 섬세성이 있다.

※ S.B.P 압력 세팅 방법, 문제를 해결하는 방법, 상식적인 생각, 이동하는 물체를 분석하는 방법, 기계를 만드는 방법, 압력을 이해하는 방법
  - S: Speed 스피드 속도
  - B: Balance 밸런스 균형
  - P: Pressure 프레셔 압력

- 인간이 하고 싶은 것, 인간이 만들고 싶은 기계, 삼라만상
- 상식적인가? 균형적인가? 부드러운가?
- 압력 = 시간 = 상식 = 아이디어 = 삼라만상 = 밸런스 = 속도 = 변화 = 엔진 = 기계

- 움직이는 모든 것
- 문제 해결은 있는 그대로 보고 다음 압력을 생각하지 않고 있는 상태에서 완결하는 것이 최선이다.
- 변화
- 문제 해결이란 필요한 부분만 압력을 증가, 저하시키는 것이다.
- 압력의 증가: 용접, 조립, 리버스
- 압력의 저하: 절단, 부식, 침전, 분해, 바이패스
- 문제 해결은 있는 그대로의 변화된 압력을 이해할 필요가 있다.
- 사고는 기존 기계의 압력에서 변화된 기계의 압력을 상상하는 것이다.
- 사고를 원인 분석한다는 것은 변화된 압력을 이해하는 것이다.
- 현장에서 문제가 해결이 안 될 경우 압력을 세게 주면 해결되는 경우가 더러 있다.
- 압력의 변화를 이해한다는 것은 이동하는 물체의 시작점과 종료점을 알 수 있다는 것이다. 봐야 한다. 혹은 크로스된 지점을 봐야 한다.
- 평소에 일반적으로 압력을 많이 가하는 부분에서 문제 발생 가능성이 농후하다.

- 문제나 사고에 있어 변화된 압력은 금이라 할 수 있다.
- 사고를 이해하는 것은 변화된 압력을 이해하는 것이다.
- 당기는 압력, 미는 압력
- 들어오는 압력, 나가는 압력 (들어오는 압력을 막거나 더 들어가게 한다. 나가는 압력을 막거나 혹은 줄이거나 더 나가게 한다.) → 엔진, 혹은 기계에 대한 생각이다. 그 흐름 중에서 문제를 확인하고 해결할 수 있다.
- 횟수와 숫자가 중요한 이유는 압력을 증가시켜 효율성과 완벽성을 높일 수 있기 때문이다.
- 물체에 압력을 가한다면 유체는 인간이 느낄 수 있는 부드러움이 된다.
- 유체 압력이 원활하지 않거나 과압일 경우 기계적으로 셧다운(N)이나 사고로 이어질 수 있다.
- 그 물체의 정방향과 역방향으로 생각하여 접근해 갈 수 있다. 혹은 상방향과 하방향으로 생각해 볼 수 있다.
- 압력은 기본적으로 비중과 중력을 생각해야 한다.
- 누르는 힘, 눌리는 힘
- 기존 압력의 흐름을 이해할 필요가 있고 변화되는 압력의 흐름을 이해할 필요가 있다.
- 인간이 접근할 수 있는 모든 물체나 유체는 압력이 존재한다.
- 리트렉트 압력의 존재 유무
- 압력을 구분한다면 과압과 저압으로 나뉜다.
- 문제를 해결하고 싶다면 압력을 낮출 필요가 있다. 일단은 압력을

낮추면 문제가 뭔지 보이곤 한다. 그래야 원인 분석도 되고 계산도 된다.
- 사고 발생 시 일반적으로 위험 압력을 낮추는 효과가 무엇인지를 생각해야 한다.
- 사고에는 예비 압력이 반드시 존재한다.
- 이동하는 물체 A와 고정된 물체 B의 충돌 가정 시 B가 받는 압력은 A의 비중에 비례한다.
- 고정된 물체 A에 이동하는 물체 B에 대해 압력을 가하여 고정시킬 때 물체 B만 놓고 본다면 무게 중심에 가까울수록 인간에게 더 안정감을 준다.
- 세상의 모든 물체와 유체의 움직이는 상태와 고정된 상태

※ 압력의 분류
- 절대 압력
- 예비 압력
- 기본 압력
- 셋팅 압력
- 리트렉트 압력
- 가중 압력
- 업그레이드 압력
- 나머지 압력
- 실질 압력
- 흡수 압력
- 오버 압력
- 전이 압력
- 비중 압력

10 시간

- 문제를 해결하는 시간이 있다.
- 영원히 못 푸는 문제가 있다.
- Time
- 시간은 속도로 바꿀 수 있고 속도는 압력으로 바꿀 수 있다.
- 기다리는 것, 기다림
- 시간의 단축은 인간의 모든 문제를 해결할 수 있을 수도 있다.
- 지켜보는 것
- 문제를 해결하는 데 있어 시간을 생각하지 않고 해결하는 것이 더욱 중요하다.
- 시간을 충분히 가지고 해결한다.
- 문제를 해결 안 해도 시간이 지나면 저절로 해결되는 것이 있다.
- 시간 확보
- 시간이 내 편이 되게 하는 것
- 단시간에 문제를 해결하는 것이 가장 좋다. 시간은 곧 비용이다.
- 시간을 길게 가져가는 것. 온도, 기후, 압력에 의한 변화는 시간을 급하게 가지기보다는 길게 가져가는 것이 좋다.
- 시간의 단축은 비용의 단축을 의미한다.
- 선의로 남을 기다리게 하는 것

- 시간을 로스한다는 것은 계산을 한다는 것이다. 비용을 요구하는 것이다.
- 문제 해결은 고통의 시간과 랜덤의 시간이 공존한다.
- 문제 해결은 빠른 해결이 정답이다. 이리 재고 저리 재는 것은 책임자들의 직무 유기라 할 수 있다. 시간이 지나면 비용도 증가하기 때문이다.
- 유보 시간이 누적된 사고일 경우 큰 사고로 이어진다. 혹은 알 수 없는 사고로 문제 해결이 쉽지 않을 수가 있다. 고로 큰 사고는 누적된 유보 시간이 존재한다 하겠다.
- 사고의 시간, 공간, 장소 그 안에서 문제 해결을 가져와야 한다.
- 문제 해결은 뜨거운 감자를 먹는 것일 수 있다. 그러니 식혀서 천천히 먹어야 한다.
- 아무리 급하더라도 언 발에 오줌을 눌 수는 없다.

※ 문제 해결의 순서
   1) 과거의 문제
   2) 현재의 문제
   3) 미래의 문제

- 단 여기서 사람에 따라 견해가 다를 수 있다. 중요한 것은 과거든 현재든 미래든 문제 해결하는 사람은 비중이 큰 문제부터 해결해야 한다는 것이다.

※ 최상의 문제 해결
　　1) 현실적인 문제, 있던 문제 → 보이는 문제
　　2) 없던 문제를 해결하는 것이 최상의 문제 해결이다. (현실적으로 문제가 잠재되어 있단 말이다. 고로 현장에서 현실적으로 해결하는 것이다.) → 보이지 않는 문제

- 빠른 문제 해결이 시간, 비용 등을 덤으로 해결한다.
- 문제를 해결한다는 것은 시간을 줄인다는 것이다.
- 할 수 있다는 건 가장 행복한 시간이다.
- 그 문제에 있어 빠르게 해결하는 시간, 시간을 충분히 가지고 해결한다는 생각, 구분하거나 세분화하고 복잡하게 시간을 가져가는 방법도 있다.
- 문제 해결은 꿈이 아닌 생시가 되어야 한다.
- 문제 해결을 위해서는 시간이 없다고 탓하지 말고 시간을 만들어 써야 한다.
- 인간의 일을 기계화하는 것. 곧 시간을 줄이기 위함이다.
- 진실은 언젠가 밝혀진다. 단 문제를 해결하고자 하는 시간의 문제다.
- 시간을 줄이는 것은 문제 해결의 기본이다.
- 시간을 줄임으로써 많은 문제를 해결할 수 있다.
- 세상에 달콤한 시간은 없다. 흘러간 시간은 인간이 노력한 만큼 여유로운 법이다.
- 시간을 속도에 비례한다고 말할 수 있다.
- 시간은 하염없이 흘러간다. 언젠가는 문제가 해결된다는 것을 알아야 한다.
- 진실을 외면하기 어려운 시간은 있다. 하지만 진실을 밝히고자 한다면 그 시간은 스스로 가져오는 게 현실적으로 이익이다.

- 만약에 비중이 큰 A와 B 두 개의 동시적 문제에 직면했을 때 문제 해결 하는 시간이 가장 짧은 것이 문제 해결에 최선의 방식이라고 생각한다.
- 시간에 구애받지 않고 문제를 해결하는 것이 진정한 문제 해결이다.
- 시간을 줄이거나 시간을 늘리거나 중요한 것은 문제를 해결하는 데 있다. 여기서 보통 기본적으로 생각해야 할 점은 시간을 줄여 문제를 해결하는 것에 집중할 필요가 있다는 것이다.
- 기회는 있으나 시간이 부족해서 못 푸는 문제도 있다.
- 모든 문제는 시간이 충분히 지나면 스스로 해결되거나 없어진다. 조급해하지 말고 때로는 기다리는 여유도 있어야 한다.
- 일에는 시간이라는 변수가 분명 존재한다. 그러므로 문제를 해결하고 싶다면 시간을 항상 염두에 둬야 한다.
- 문제 해결은 시급성을 가장 먼저 해결하는 것이 원칙이다. 예를 들면 환자가 경증이냐 중증이냐의 판단은 문제 해결자에게 달려 있다.
- 일에는 시간이 필요하다. 시간의 한계성이 있다. 문제 해결에도 시간이 필요하고 그 시간을 짧게 잡느냐 길게 잡느냐는 문제 해결자에게 달려 있다.
- 시간을 로스 시키는 것은 일을 못하는 것이다. 최소한 문제 인지의 범주 안에서는 벗어나지는 말아야 한다.
- 문제 해결은 최대한 시간을 짧게 가져오는 것이 가장 좋은 방법이라 보면 된다.
- 지금의 시간은 지금의 순간은 현실은 고통스럽거나 행복한 시간이라고 말하고 싶지만 시간이 지나고 보면 다 부질 없는 시간일수도 있다.
- 누구든지 1분 만에 쌀을 밥으로 만들 수는 없다. 일정한 시간이 되어야 문제를 해결할 수 있다.

- 한순간의 일이라도 쉽게 생각하거나 어렵게 생각하든 문제만 해결하면 그만이다.
- 시간이라는 변수를 압력으로 바꿀 수 있고 비용으로도 바꿀 수 있다. 어찌됐든 무엇으로 바꾸든지 문제 해결만 하면 된다. 여기서 시간은 문제를 해결하는 데 있어 가장 기본적으로는 수치화가 가능하다는 것이다. 예를 들면 5분 한 시간 2개월, 6개월 등으로 말이다.
- 문제를 해결하는 시간을 문제 해결자는 제시할 수 있어야 한다.
- 누군가는 문제를 해결하는 타이밍이 있어 이익을 가져올 수 있지만 누군가는 그 타이밍이 스킬로 간주될 수도 있다.
- 기준점 혹은 기대치를 합리적으로 표현하는 방법이 시간이다. 예를 들자면 공정성을 가져오는 위해서는 근무 시간이 고정하게 이루어져야 할 것이다.
- 문제 해결은 누가 봐도 객관적인 기준점이 있어야 한다. 이를 악용하여 자율성이니 유도리니 하면 달리 방법을 쓰는 것을 스킬이라 봐도 무방하다.
- 같은 시간에 같은 업무면 상관없지만 A는 완수형 업무, B는 해도 되고 안 해도 되는 관리형 자율형 업무를 확인하는 주시형 업무를 한다면 이것을 현장에는 스킬을 쓴다고 봐도 무방하다.
- 시간이 자나고 보면 더러 답을 볼 수 있다. 섣불리 판단하지 말고 계획이 실천·실현되는지 지켜봐야 한다는 이야기다.
- 문제를 해결하다 보면 시간이 중요하지 않을 때가 있다. 그 이유는 인정해야 할 사람들이 인정하지 않기 때문이다.
- 깨달음을 얻기 위해 시간이 중요하지 않을 때가 있다. 언젠가는 문제가 해결되었다고 생각하는 데 의의를 가질 필요가 있다.

11 근거

- 증거
- 증거의 유무 및 후처리 능력
- Evidence
- 사고에는 반드시 이유가 있다. 증거가 반드시 있단 말이다.
- 특수한 사고라도 간접 증거나 정황 증거가 반드시 있다.
- 보이게 하는 것, 보여 주는 것
- 증거의 순수성을 확인 → 문제 해결의 지름길이다.
- 이유 없는 이유는 없다.
- 증명할 수 있는 것만 믿어야 한다.
- 시그니처
- 공식화할 수 있는 모양, 형태

12 시뮬레이션

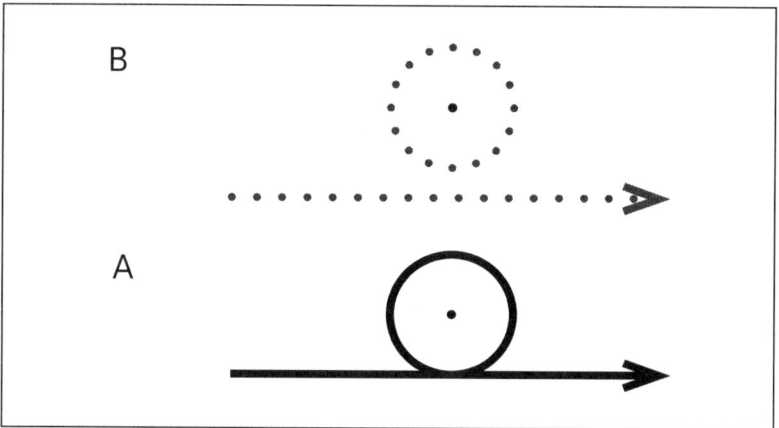

- 문제의 확인이나 발견이 아닌 최종적인 결과물이어야 한다.
- 문제 인지를 위해 시뮬레이션을 할 수는 있다.
- Simulation
- 문제를 검증하는 단계
- 실험
- 테스트
- 그 어떤 사고든 시뮬레이션 가능해야 한다.
- 그 어떤 사고든 시뮬레이션 반복 가능해야 한다.
- 조건을 갖추어야 시뮬레이션 가능하다. System Ready

- 문제의 확인 과정이다.
- 미래의 어느 한 시점을 미리 체험하는 것이다.
- 과거의 어느 한 시점을 체험하거나 보는 것보다 전체적인 맥락을 이해하는 것이 중요하다.
- 실시간 시뮬레이션이 가능하도록 노력해야 한다.
- 시뮬레이션을 위해서는 비용을 아끼지 말아야 한다.
- 어느 한 사안을 검증, 입증, 증명하기 위한 최상의 방법이다.
- 시뮬레이션은 이론과 현실을 일치시킨다. 이론은 되고 현실은 안 되는 경우, 이론은 안 되고 현실은 되는 경우의 오류가 있을 수 있다.
- 인간을 이해하거나 이해시킬 필요가 없고 오직 시뮬레이션만이 결론이다. 결과다.
- 자기가 이해하지 못한다고 시뮬레이션을 막는 것은 천하제일의 어리석음이라 한다.
- 이론, 현실, 시뮬레이션 세 가지 모두 사실에 부합되어야 한다.
- 2차 결과물
- 2차 값
- 농경 사회와 산업 사회를 구분 지을 때 산업 사회에서 일어날 수 있는 가치
- 시뮬레이션을 보고 확인하기 전까지는 그 누구도 진실을 판단할 수 없다. 단 가설에 맞는 증거가 나온다면 말이다.
- 오로지 시뮬레이션만이 문제 해결이 될 수 있다.
- 그 누구도 시뮬레이션을 부인할 수 없을 것이다.
- 시뮬레이션의 결과치는 인간에게 최선의 결과치이다.

- 때론 미친 듯 무조건 해 보는 것도 나쁘지는 않다.
- 하겠다는 의지나 열정보다는 수치화에 중점을 둬야 한다. 우선순위는 과정보다 수치화다. 결국 결론이 중요하다.
- 예비 동작
- 예행 연습
- 시뮬레이션은 과거보다 미래의 어느 한 시점을 보거나 체험하는 것이다.
- 계획의 행동 과정
- 시뮬레이션으로 문제를 해결하고 난 후의 추가 시뮬레이션은 이론의 검증 과정이다.
- 로컬데이터를 수치화하는 것이다. 전체적으로 볼 수 있게 하는 것이다.
- 짬빠 잡는다, 이걸 염두에 둬야 한다.
- 시뮬레이션은 실제 압력 값을 측정하는 것이다.
- 실전의 전 단계이다. 마지막이라 해도 과언은 아니지만 실전과 시뮬레이션 사이에 미세한 금이 있다.
- 시뮬레이션의 조건은 일관된 데이터를 가져오는 것이다. 인간이 보통의 상식선에서 행할 수 있어야 한다.
- 상식적 데이터를 가져오는 것을 수치화한다면 보통은 80~90% 이상이면 된다.
- 시뮬레이션의 가치란 시간이 지나면 진실이 두 개가 될 수도 있다는 것이다. 현재 시뮬레이션으로 증명된 것만 믿고 미래에 시뮬레이션으로 증명될 것은 후대 사람들의 문제다. 현재의 시뮬레이션

으로 증명된 것은 믿고 인정할 필요가 있다.
- 시뮬레이션 값이란 최종 결과다. 수치를 기하학적으로 표현하여 인간이 아주 쉽게 로컬 데이터를 받아 볼 수 있다.
- 시뮬레이션 조건 입력 시 비중을 감안하여 데이터를 생각하여야 한다.
- 문제의 점검과 확인으로 문제를 해결할 수 있다.
- 결론은 시뮬레이션은 시뮬레이터가 하지만 문제 해결자는 시뮬레이션 결과를 확인해야 한다는 데 있다. 여기까지가 문제 해결자가 해야 하는 시점이다.
- 진실은 하나기 때문에 시뮬레이션 결과치는 같은 모양, 같은 시간, 같은 수치가 나와야 한다. (단 수치는 80% 이상이다. 엇비슷하게만 해 주면 된다.)
- 무한한 시뮬레이션만으로도 충분히 문제를 해결할 수 있다.
- 과거를 경험하기엔 시뮬레이션으로도 충분하다.
- 시뮬레이션을 한다는 것은 선제적 통제의 의미가 있다. 80% 미만이거나 제로가 안 나온다면 정상적인 일이나 작업을 할 수 없을 것이다.
- 시뮬레이션을 진행했다면 반드시 결과를 솔직하게 발표해야만 한다. 성공이냐 실패냐를 말이다.
- 시뮬레이션을 순수하게 본다면 자유로움이 존재한다(잃어도 본전이라는 말이다).

13 거시적 안목

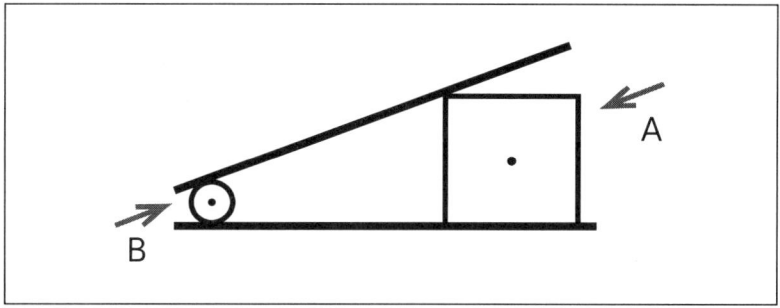

- 거시적인 생각
- 전지전능한 신적인 생각
- Macroscopic
- 평면도
- 전체를 하나로 보면서 한 가지 단어를 떠올린다. 또는 두 가지를 서술적으로 간단명료하게 나열한다.
- 떠올린 단어를 번역하거나 동종 이종 기계에 있는지 확인한다.
- 떠올린 단어를 수십 번 생각하면 문득 다른 한 단어가 떠오르거나 움직임이 보이거나 상상해 낼 수 있다.
- 기계를 거시적으로 봤을 때 전기나 화학적 문제는 기계 안에 있다.
- 문제 해결은 미래의 문제를 해결하는 것이다. 현재나 과거의 이야기는 하지 않는 게 좋다.

- 숫자상으로 단계적으로 1~9까지 있다 치자. 문제가 3이라 가정한다면 9를 문제의 목표점으로 삼아 자연적이고 부드럽게 문제 3을 해결해 나가는 것이 좋다.
- 문제 해결은 부분이 아닌 전체를 해결해야 완전한 해결이라 생각한다.
- 흐름을 → 수치화. 여기서의 수치화란 인간의 계획적인 결과론적인 이야기다. 그러므로 문제 해결의 수치화된 부분을 이해하려면 처음부터 끝까지 전체적으로 볼 필요가 있다.
- 오는 것에서 진행되고 결과를 산출한다는 것은 전체적으로 흐름을 이해할 필요가 있다는 것이다. S.B.P
- 대를 위해 소를 희생한다는 것은 문제를 해결하기 위함이지 우선순위가 있다는 말은 아니다.
- 문제 해결은 바둑에서 오직 대마를 잡아 게임을 끝내는 것이지 자잘한 잔재주는 전문가적인 생각이다.
- 문제 해결에는 우선순위가 있다. 비중이 큰 문제부터 해결해야 한다.
- 문제 해결은 디테일하게 나무를 보는 것이 아니라 숲을 보고 전체적인 방향성이나 흐름을 이해하고 아이디어를 생각하는 것이다.
- 문제 A나 사고 A에 대해 풀고자 할 때 문제 A나 사고 A를 포함하는 더 큰 명제가 있나를 생각하여 문제 A나 사고 A를 분석하고 풀기 위함이다.
- 문제 A를 풀기 위해 대칭이나 연장선상에 빅데이터가 있는가 아니면 반드시 있을 가능성이 있다.

14 자신감

- 단호함
- 비장함
- 오만한 자존심
- 쓸모 있는 인간은 되기 쉽지 않지만 되도록 노력해야 한다.
- 문제를 스스로 해결할 수 있다는 자신감을 갖는다.
- 인간은 미약하지만 자신감이 없다면 아무것도 할 수 없을 것이다.
- 고집의 장점
- 기본적으로 어느 한 분야에서 실력이 좋은 사람
- 의지 → 정직(사실에 좀 더 다가가는 것, 혹은 실력이 있는 사람) → 성과, 인재
- 문제 해결은 총력을 기울여야 한다.
- 문제 해결은 본인이 해결 못하더라도 다른 누군가가 해결할 수 있게 기본이나 전체적 흐름에 충실할 필요가 있다.

15 목적성

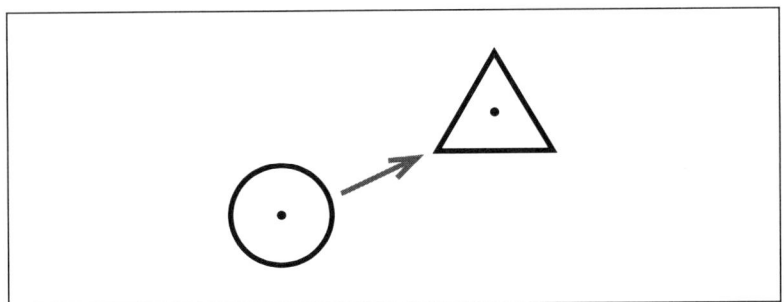

- 명확성
- 목표의 명확성
- 목표를 지정
- 미션의 부여
- 원하는 것
- 명령 전달의 단일성
- 네 목표가 뭐냐 → 를 알려 줄 필요가 있다.
- 개인의 일이나 조직의 일은 목표의 명확성이 요구된다. 곧 일에 있어 성과에 도달하지 못하면 실패라는 고통이 따르게 된다.
- 명제에 주목하여 대비되는 아이디어로 문제를 해결할 수 있다. 명제는 곧 힌트가 될 수 있다.
- 사실 기준으로 명령어가 다르면 사실에 부합되지 않는다.

- 진실이 하나이듯 목적도 하나여야 한다. 여기서 중요한 것은 목적이 결과로 해석되어 모든 이의 이익이 되도록 해야 한단 말이다.
- 깊은 사고력 3원칙: 합리성, 효율성, 생산성. 일반적으로 이유가 있어야 한다는 것이다.

16　고견

- 지위나 계급이 높거나 혹은 나보다 더 나은 생각을 가진 사람의 말씀
- 특수한 사고의 경우 간과될 수 있다.
- 고견에는 기본이 있다.
- 안 되는 부분의 기본에 충실하다.

17 경청

- 사소한 것부터 전문적인 지식까지 모든 가능성을 열어 두고 겸손히 듣는다.
- 듣는 것
- 문제를 해결하고 싶다면 말하는 것보다 듣는 것에 집중을 해야 한다. 초심으로 돌아가 다시 생각해야 한다.

18 경험

- 다양한 현장 경험
- 일을 행하고 느끼는 것
- 결과를 도출하는 것
- 직접 보고 해 보고 느끼는 것
- 공과를 인지하는 것
- 선경험자의 말과 행동을 듣고 보는 것
- 문제를 보고 선경험이 있나를 생각한다.
- 선례
- 인간은 누구에게나 천재적인 잠재의식이 있다.
- 과거를 가져오면 현재와 비슷한 경험이 자극이 될 수 있지만 그것도 노력하지 않으면 안 될 것이다.
- 고로 현재의 의지와 열정이 필요하다.
- 기존에 경험하지 못한 세상을 만드는 게 문제 해결이라 할 수 있다. 그래도 인간사 상식 안에 있다 할 수 있다.
- 선례
- 구관이 때론 명관일 때가 있다.
- 분명 방법이나 비슷한 사례, 즉 경험을 바탕으로 문제를 해결할 수 있을 것이다.

- 사고와 관련해 과거에 비슷하게 나타나는 현상이나 경험이 있는가를 확인해 볼 필요가 있다.
- 실패와 성공의 반복적인 과정이다.
- 문제를 해결하고 싶다면 선경험을 미경험보다 앞서 생각해 보아야 한다.
- 직접 경험하지 못하면 못 느낀다.
- 문제 해결은 현장에서 경험하지 않고는 찾아볼 수 없을 것이다. 다른 말로 현장을 이루는 요소 중 인간의 노력이라는 의지가 있나를 살펴볼 필요가 있다.
- 답을 찾거나 깨달음을 얻기 위해서는 현장에서 경험하는 것이 더할 나위 없겠으나 간접적인 방법도 있다.

19 건전한 상식

- 일반화
- 객관화
- 상식화
- 말과 행동에 정직이 잠재되어 있어야 한다.
- 인간은 건전한 이성을 가졌다는 걸 잊으면 안 된다.
- 답은 상식 안에 있으므로 말과 행동도 상식적으로 해야 한다.
- 그 모든 것은 상식 안에서 이루어진다.
- 문제의 결과는 상식 안에 있으므로 접근이나 과정도 상식적이어야 한다.
- 되는 것, 가능한 것을 이야기해야 한다.
- 물건 먼저 주고 기대 수익을 낼 수 있다.
- 정직하고 건전한 상식을 가진 사람들이라면 누구나 문제를 해결하는 데 문제가 없을 거라 생각된다.
- 어느 지역이나 사회나 조직 문화에 매몰되어 있으면 건전한 상식을 발휘하기 어려울 수 있다. 건전한 말과 행동에 저해 요소가 될 수 있다. 때론 커다란 사고로도 이어질 수 있다.
- 인간은 일반적인 행동반경 안에서 벗어날 수 없다. 그저 누가 봐도 상식 안에서 행동한단 말이다.

20 공통분모

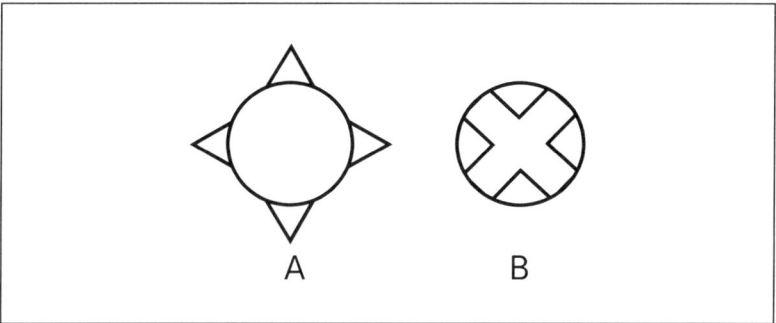

- 빅 데이터
- 동시적 문제 인지
- 사고에 가장 먼저 접근해 가는 과정 중의 하나가 기본적으로 공통분모가 되는 부분이 있는가부터 시작하는 것이다.
- 나의 생각과 다른 사람의 생각이 일치되는 부분이 있는가?
- 공통점
- 공통점이 있느냐 없느냐를 생각해 본다.
- 대중 모두가 그렇다고 하는 상식
- 문제 해결의 기본적인 접근 방식
- 문제 인지나 문제 해결 과정에서 비슷한 형태나 비슷한 공통분모를 찾는 것이다.
- 예를 들면 기계에서의 N

21 매뉴얼의 충실성

- 법규 준수
- 플랜 B는 가급적 사용하지 말아야 한다. 사고의 시초가 될 수도 있다.
- 매뉴얼의 인지 여부
- 문제를 대함에 있어 문제가 프로그램 안에 있다는 것을 잊지 말고 느껴야 한다.
- FM
- 기본에 얼마나 충실했느냐다.
- 기계에서는 속도와 밸런스다.

22 원인 분석

- 이론, 가설, 시나리오
- 문제 해결의 시초
- 문제 해결을 하는 처음 단계이자 마지막 단계
- 특수한 사고의 경우 99%를 차지
- 원인 분석해야 하는 이유는 왜 사람이 살면서 슬프거나 기쁜지를 파악할 수 있기 때문이다.
- 문제를 해결할 때 현장을 떠나서 생각하는 것은 휴식의 의미도 있지만 가설을 잡념 없이 떠올릴 수 있기 때문이다.
- 가능한 한 이야기에 집중해서 본다.
- 문제 해결은 원인 분석 이후. 나중에 계산이 필요하다.
- 과거, 현재, 미래 중에서 현재의 문제 해결은 원인 분석이 중요하지 않을 수 있다. 결과만이 문제 해결이라 할 수 있다. 이유는 무한한 랜덤 상황을 일관된 한 가지 단어로서 찢어 내야 하기 때문이다.
- 원인 분석만으로도 문제를 해결할 수 있다. 물론 시뮬레이션이 가미되어야 한다.
- 이론과 현실을 일치시키는 게 문제 해결이다.
- 수치화의 과정에서 흐름에 해당된다.

- 원인 분석은 문제 해결에 있어 기본에 해당된다.
- 만약에 그 사건이 사고가 맞는다면 왜 사고인지 알아야 하며, 반드시 문제 되는 부분이 '있을' 것이다. 증거가 있단 말이다.
- 손 안 대고 코 푸는 격
- 원인 분석이 됐다는 것은 방향성을 제시하는 것이다.
- 흐름과 문제점을 이야기하고 대안을 제시해야 한다.
- 원인 분석이 곧 문제 해결이다.
- 무한 랜덤 상황에서의 원인 분석은 인간에게 쉽고 간단한 접근법이 필요하다. 이유는 결과는 알고 보면 간단하기 때문이다.
- 문제 해결은 원인 분석에 있어 S.B.P와 환경 중에서 기본인 속도와 밸런스만을 생각하는 것이다. 여기서 P와 환경까지 생각하여 문제를 해결한다는 것은 상상력과 아이디어가 필요하다는 것이다.
- 인간은 100% 원인 분석이 불가능하며 해서도 안 된다. 인간은 신이 되기보다 인간 자체로 남아야 한다.
- 물체나 유체의 기본인 속도나 밸런스의 형태를 설명하는 것이다. 그 외 비중이 큰 것은 제3, 제4의 방법론을 설명하면 된다.
- 사고의 원인을 분석하여 결과를 끄집어내는 것이다. 거시적인 결과를 내는 것이고 작은 결과치는 천천히 해도 된다. 결과부터 상상할 필요가 있다.
- 진실은 알고 보면 슬픈 현실일 수도 있다.
- 세상은 물체와 유체로 이루어져 상관관계가 있는지를 생각하는 것이다.
- 가능한 관계와 불가능한 관계를 보는 것이지 왜 그랬는지와 같은

계산의 문제는 차후에 생각해 볼 문제이다.
- 최초의 계획이나 기계 설계의 요구 사항에 적합하지 않은 일이나 정규 부품을 사용하지 않은 경우 문제가 발생할 수 있다. 지나고 보면 전기적이거나 화학적인 문제로 매뉴얼에 충실하지 못해 문제나 사고가 발생한 것이다.
- 원인 분석은 수치상 100%가 나와야 한다.
- 전체적인 흐름의 사고
- 사고의 원인을 밝히는 것은 같은 사고를 두 번 다시 안 일어나게 하기 위함이다.
- 문제 해결을 위해서는 기본이 무엇인지 봐야 한다. 여기서는 기본이 사고의 원인 분석이라 하겠다.

23 정직

- 정직이 문제를 해결하는 상책이다.
- 정확성
- 정확성의 요소: 신속, 안전, 결과
- 확실성
- 솔직한 심정을 이야기하는 것 ☆가장 중요☆
- 솔직한 이야기
- 솔직한 것은 문제 해결의 기준이다.
- 진정성 있어야 한다.
- 기계는 정직하다.
- 문제 해결이 안 되는 이유 중에서 가장 큰 이유가 바로 솔직하지 않은 부분이 있기 때문이다.
- 문제 해결에 있어 지식의 높고 낮음의 차이가 있는 것은 본인의 착각인지 모르겠다.
- 문제 해결의 의지가 있다면 기본만 갖춰 뒀어도 해결된다고 본다.
- 정직이 기본이다.
- 정직은 문제 해결의 기본이다.
- 솔직하게 자신의 의견을 표현하는 것이다. 방법은 글(말), 수치, 수학, 기하학(그림, 소리, 도형, 그래프, 춤 등등) 세분화할 수 있다.

- 문제 해결에 있어 정직은 원인 분석보다는 결과론적인 이야기다.
- 정직은 항상 가야 할 길이 있다.
- 인간은 신이 아니다. 있는 그대로 직시할 필요가 있다.
- 문제 인지부터 바르게 하는 것이 문제 해결의 시작점이다.
- 정직이 힘이다.
- 세상에 효자는 많으나 불효자가 되긴 더 쉽다.
- 말과 행동에 나서기 전에 정직을 항상 염두에 둬야 한다.
- 문제를 해결하는 것이 최선의 방법이다.
- 때론 자신이 거짓말을 하는지 모를 때도 있다.
- 어느 순간 어느 때는 혹은 알 수 없는 어느 시간에는 정직이 사치일 때가 있을 수도 있다. (그건 생존의 욕구나, 생리적 욕구. 소유의 욕구가 생길 때이다.)
- 기준점의 확실한 인지가 필요하다.
- 문제 해결을 하지 못했다면 최소한 정직하게 솔직하게 인정할 필요가 있다. 다음 사람들이라도 풀 수 있게 말이다.

24 사기 진작

- 긍정적인 마인드
- 위트
- 보이지 않는 문제를 해결하여 잠재우는 것이 진정한 문제 해결이라 생각된다.
- 기본적으로 절실함과 동기 부여가 문제를 해결한다.
- 위로는 패자가 승자에게 하는 말이다.

25 의지

- 계획
- 목표
- 동기 부여
- 의욕
- 문제를 반드시 해결하겠다는 마음
- 인간에게는 각자 하고 싶은 일이 있다. 억압과 강요로 강제할 수는 없지만 스스로 하게끔 해야 한다.
- 자기가 하고자 하는 의지가 발전과 문제 해결을 만든다.
- 되든 안 되든 해 보는 것
- 시도
- 열정
- 뜻만 있는 곳에 결과는 없다. 표현과 행동이 필요하다.
- 시장이 반찬이다.
- 목적이나 방향성이 다르게 행동하면 사고로 이어질 수 있다.
- 뭐 눈에는 뭐만 보인다.
- 때론 상실감, 실패가 의지를 불러일으키지만 별로 좋은 방법은 아니다.
- 문제 해결은 의지가 필요하다. 문제 해결은 만에 하나에 도전하는

것이다. 그래서 의지는 문제 해결을 위해 필요한 덕목이다. 기본이라고 봐도 된다.
- 일을 열심히 하다가 생긴 실패나 과실로의 경험이 자극을 주며 의지를 가져온다.
- 의지를 주는 방법은 솔직함뿐이다.
- 일단 목표가 설정되면 무언가는 해야 한다.
- 의지 → 목표 설정. 아이디어가 떠올라야 한다. 계획이 서야 한다.

26 무대

- 충분히 사기를 높여 문제가 발생되지 않게 하거나 문제 발생 시 신속히 해결할 분위기를 만들어 준다.
- 분위기를 띄워 결과를 내고 성과를 내는 데 있다.
- 어찌 됐든 문제 해결을 위해 분위기를 만들거나 시스템을 구축해 나아가는 방향성을 잡아 가는 것이 필요하다.
- 경쟁
- 문제를 해결한다는 것은 해결 과정상에 있어 문제 인지가 되었다면 문제를 찾지 말고 문제가 스스로 오거나 저절로 해결되는 무대나 시스템 구축이 필요하다는 것이다.
- 시스템에 충실한 사람
- 증오심, 복수심의 희화화
- 별로 좋은 생각은 아니지만 함정을 파서 문제를 해결할 수 있다. 또 하나의 방법론이다.
- 무대를 구분해 볼 필요가 있다. 스스로 문제를 해결하는 방법, 다른 하나는 믿고 무한한 신뢰를 보내는 것.
- 이벤트를 열어 먹을거리를 줄 필요가 있다.

27 고정 관념

- 고정 관념의 탈피
- 알량한 자존심은 버려야 한다.
- 자신의 지위와 계급이 문제 해결을 저해하지 않나를 생각해야 한다.
- 조직의 의견이 아닌 다른 의견을 받아들이지 않는 것
- 알량한 자존심이 문제 해결을 저해한다.
- 일상적 형식에서 다르게 생각해 본다.
- 일반적으로 남들이 다 그런다 해서 그게 옳은 방법이라 생각하면 오산이다. 자신의 행동이 플랜 B는 아닌지, 정석대로의 작업은 아닌지 살펴봐야 한다.
- 세상 모든 문제를 혼자 해결할 수는 없다. 누군가는 해결하려고 하는 사람이 있다.
- 착시 현상
- 인간의 머리는 일정 부분 망각된 공간이 있어 자기 자신이 거짓말을 하는지 정직한지 혹은 스킬을 쓰는지 모를 때가 있다.

28 효과성

- 두 마리 토끼를 잡아야 한다.
- 두 마리 토끼는 잡을 수 있다.
- 문제 해결을 정확히 하면 된다.
- 효과가 나타나야 한다.
- 한 가지 작은 사안이더라도 효율적으로 사용하거나 이익이 되도록 노력하는 것
- 효율성
- 효용성에 집중해야 한다.
- 성과가 있어야 끝이 있고 효과를 낼 수 있다. 실력 본위가 필요한 부분이다.
- 문제가 해결된 후에 천문학적인 비용을 벌어들이거나 소모 비용을 감소시키는 효과를 수반한다면 더할 나위 없겠다. 하지만 하고 싶은 말이 인간의 자신감, 사기 진작 등의 효과를 가져온다면 이보다 더 좋은 효과는 없을 것이다.
- 죽이든 밥이든 맛있게 먹기만 하면 된다. 결과론적인 생각이다.
- 한계성 안에서의 규칙적인 질서 내지는 작업의 부드러움을 추구하기 위해 공간의 확보 및 여유와 시간의 절약이 필요하다.
- 남이 한 일을 자기가 한 일인 양 꾸미는 거짓 현상

- Win-Win. 서로 믿는 신뢰가 문제 해결에 있어 최상의 결과다.
- A와 B 두 개의 문제를 동시에 해결하는 것
- 떡을 꿀에 찍어서 먹는다. 금상첨화
- 어떠한 경우라도 자기한테 이익이 되는 일이나 사안이 되어야 한다.
- 살면서 "터닝 포인트"를 가져올 필요가 있다. 인생의 진로를 바꾸는 계기를 만드는 것.
- 문제 해결에 실패하면 벌을, 성공하면 상을 줄 필요가 있다. 귀감이 되어야 한다.
- "확률의 우위" 문제 해결의 방법론 중에서 낮은 확률보다 높은 확률의 가치를 선택하여 문제를 해결할 수 있다.

29 적극성

- 적극적인 대처
- 되든 안 되든 대안을 내세워 적극적으로 나서야 문제를 해결할 수 있다.
- 실전은 수단과 방법을 가리지 않는 능동성이 요구된다.

30 차이점

- 예를 들자면, 일반 승용차와 대형 트럭의 제동력에는 분명 차이가 있다. 대형 트럭의 경우 제동 거리가 짧다. 그 무게만큼 정지하려 한다. (이 부분은 예를 들었지만 맞는지 안 맞는지 모르겠다. 비중을 이야기하고 싶었다.)
- 다른 사람의 상식과 내가 아는 상식은 다를 수 있다.
- 특수성을 지닌 사고의 경우 아이디어를 도출하지 못하면 문제 해결을 못 할 수도 있다.
- 이동하는 기계와 고정된 기계의 차이점은 리버스의 존재 유무이다.

※ 숫자 0, 1, 2에 대한 생각들
- 0 → 없는 것
- 1 → 없는 것에서 새로운 시작, 혹은 문제가 발생했다고 인식
- 2 → 일관성 혹은 반복성이 발생했다. 실질적으로는 세 번째로 인식해도 무방하다.

- 이동하는 기계 중에서 특수하게 만든 기계가 포클레인이다.
- 사고 A와 논사고 B의 비교 분석으로 차이점을 찾아내어 문제를 해결할 수 있다.

31 전문가

- 일반적인 사고인 경우도 전문가가 해결하는 것이 바람직하지만 특수한 사고의 경우는 특히 더 전문가의 의견을 받아들일 필요가 있다.
- 결국 문제 해결은 전문가가 한다.
- 쪼개고, 다듬고, 분리한다.
- 계산하는 사람

32 자극

- 결정이나 행동에 옮기는 중요 요소
- 상상을 계획화하는 것
- 계획을 바꾸는 요소
- 어느 특정 사안의 문제점을 인지하여 문제를 해결하고자 하는 마음
- 때로는 열정이 자극을 주기도 한다.

33 플랜 B의 오류

- 그들만의 숨겨진 스킬은 뭘까?
- 기계에는 플랜 B가 있다.
- 인간은 플랜 B를 상상한다.
- 예를 들어 Jump 혹은 짬빠 잡는다.
- 어느 사회나 조직 문화에나 있다.
- 인간은 효율성을 상상하기 때문에 플랜 B를 생각한다.
- 기본에 충실하지 못하면 사고로 이어질 수 있다.
- 스킬에 해당된다. 이런 경우 간혹 환경적인 이유 등으로 사고로 이어지는 경우가 있다.

34 여유

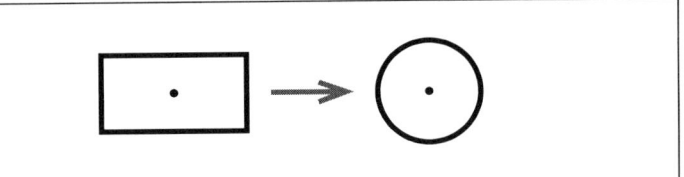

- 나이, 학력, 경력, 성별, 비용, 시간을 전부 무시한 상태에서 문제 해결을 하는 것
- 본업에서 잠시 시간을 다르게 하는 것
- 문제에 보다 집중해서 접근해 갈 수 있다.
- 거시적인 생각을 가질 수 있다.
- 충분한 휴식. 과도하리만큼의 휴식
- 충분한 휴식은 문제 해결의 정도가 된다.
- 최선 혹은 적절한 문제 해결의 방법은 부드럽게 여유를 가지는 것이다.
- 때론 고통의 반대말이다. 현실적인 말이다.
- 목표나 계획이 전부가 아니라 지나가는 과정이라 생각해야 한다.
- 여유가 지나친 행동은 나태함과 사치로 비춰질 수 있다.
- 본업과 다른 일과 행동

35 목격자적 생각

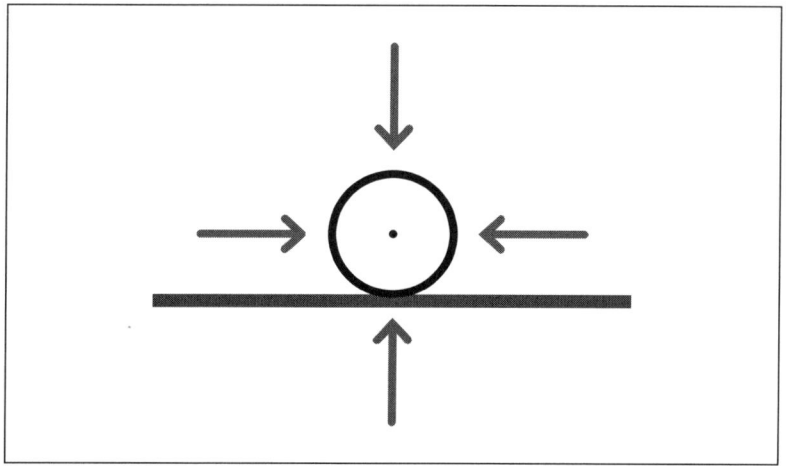

- 측면도
- 평면도
- 정면도
- 상황 분석
- 제3자의 입장

무한 상상력

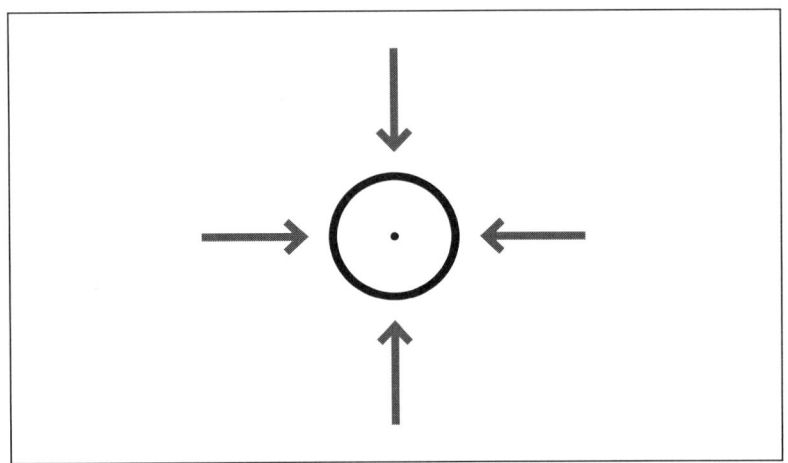

- 상상으로 문제를 해결할 수 있다.
- 기본 데이터와 경험이 있어야 가능하다.
- 보이지 않는 부분을 상상하는 것
- 그 어떤 분야의 전문가라도 보이지 않는 문제를 해결하려면 상상력이 뒷받침되지 않으면 해결하기가 어려울 것이다.
- 문제를 해결한다는 것은 상상력으로 보는 것이다.
- 그 모든 가능성을 염두에 두고 상상을 한다.
- 특수한 사고의 경우는 상상력을 동원해야 한다.
- 과거가 아닌 미래를 상상해야 한다.

- 말과 행동은 과거가 아닌 미래여야 한다.
- 지식은 1%이고 상상력이 99%다.
- 문제 해결은 총력을 다하고 상상해야 한다. 과거 지식, 경험 등등
- 사람의 능력은 무한하다. 그것은 상상에서 나온다. 비록 증명해 낸다고 해서 과거의 사고를 말한다고는 생각하지 않는다.
- 과거라기보단 사고 전 상황을 상상하는 것이다.
- 상상은 상식 안에서 이루어지고 일어난다. 그래야만 한다.
- 경험하지 않은 부분을 상상하는 것, 생각하는 것
- 지식에는 왕도가 없다. 그러나 인간은 자유로운 상상을 할 수 있다.
- 모든 사람들이 아니라고 생각할 때 혼자만 맞는다고 생각하는 이유를 들어 봐야 한다.
- 인간의 지식 중에서 몰랐던 부분을 상상하고 생각하는 것
- 아름답고 행복한 상상이 문제 해결을 한다.
- 조건 내에서의 사고
- 무한 상상력의 조건: 그 어느 한 사건에서의 속도, 시간, 한계점, 아이디어

- 될 수 있는 것과 가능성 안에서 생각하는 사고
- 한계점을 넘어서는 생각들
- 비중을 염두에 둔 생각들
- 어쩌면 기존에 인간이 할 수 없는 일이나 생각을 하는 것이 문제 해결이라 생각된다.
- 인간은 무한한 상상력을 동원한다. 그러나 이루어지는 것은 상상

력의 반도 안 될 것이다.
- 상상력으로도 문제를 해결할 수 있다.
- 상상이 곧 과거의 기억을 유추해 보는 것이다.
- 기본적으로 한계점이 무엇인지 인지하고 그 이상을 넘어서는 것이 무한한 상상의 기본이다.
- 예를 들면 문제 A에 대해 결과가 이렇다 할 게 아니라 문제 A를 아예 폭파시킨다든가 없애 버리고 난 후의 생각들이라 생각하면 된다.

37 중력

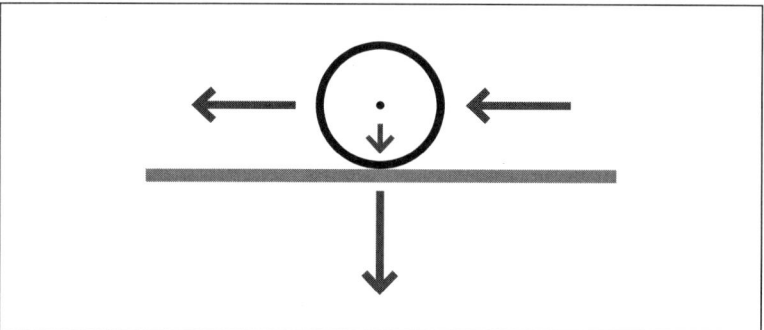

- 떨어지는 힘
- 당기는 힘
- 이동하는 힘
- 밀리는 힘
- 비중을 생각해야 한다.

38 정보 분석 능력

- 인간의 지식과 경험은 분명 차이가 있다.
- 결과가 다르게 나올 수 있다.
- 인간은 문제 인지 능력이 다를 수 있다.
- 기본적으로 선경험자와 선경험자 사이의 공통분모와 차이점을 생각해 본다.
- 기계의 이동 프로세서를 이해하는지 생각해 본다.
- 기계의 압력 세팅 프로그램을 이해하는지 생각해 본다.
- 더 이상 없을 때까지 해석, 분석해 내야 한다. 최고점, Max까지 상상하여 그 안에서 놀도록 해야 한다.
- 있는 그대로 보고 분석해야 한다. 더하거나 빼면 안 된다.
- 인간과 함께 행동한 기계는 분석 가능하다.
- 사고에 대해 일반적으로 나타나는 명제가 있느냐 하는 것이다. 두 가지 이상의 명제가 있다면 명제 기준으로 아이디어를 떠올려야 하고 문제를 해결할 필요가 있다.
- 그 어떤 사안에 대해서 의미 부여나 명제화 할 수 있어야 한다. 그래야 추측하거나 아이디어가 떠오르든가 계획을 잡을 수가 있다.

※ 정보 분석

　　첫째 → 정의 → 단순성
　　둘째 → 구분 → 분리, 차이점, 공통점
　　셋째 → 세분화 → 다양성, 기본과 아이디어
　　넷째 → 상대성 → 반론, 비중, 비전문가적
　　다섯째 → 부드럽게 → 쉽고 간단하게
　　여섯째 → 무한 가능성 → 모든 가능성
　　일곱째 → 유일무이 → 전문가적 생각
　　여덟째 → 섬세성 → 문제 인지 능력이 탁월
　　아홉째 → 신적인 생각 → 만능인 사람
　　열째 → 열정, 의지 → 뼈에 각인된 사람

39 혁신

- 가미한다.
- 방법을 다르게 한다.
- 다른 기계를 사용한다.
- 기계에 있는 프로그램을 바꾼다거나, 시간을 달리한다.
- 인간의 생각을 바꾼다.
- 결론은 시간과 비용을 절약하기 위함이다.
- Upgrade

40 브레인

- 문제를 해결하는 사람은 따로 있을 수 있다.
- 문제를 해결하는 사람이 브레인이다.
- 사람은 착각 속에 산다.
- 기본에 충실한 사람
- 계급이 한 단계 위에 있는 사람
- 두뇌
- 문제 해결 방법은 바둑에서 대마를 잡는 방법을 생각해 내는 것이다.
- 세상을 변화시키는 사람
- 승패의 책임은 브레인이 가져가야 한다.
- 누군가는 문제를 해결하는 사람이 있다.
- 문제는 단 한 사람의 의견으로 해결된다. 그 사람은 아무나 혹은 누구나가 될 수 있다.
- 한 방에 해결할 수 있어야 한다. 그러나 비중이 큰 문제는 시간이란 변수를 고려하지 않을 수 없을 것이다. 시간까지 고려한 한 방이 필요하다.
- 세상을 변화시킬 아이디어를 가진 사람이거나 프로그램에 영향을 주는 사람

41 소통

- 정보 공유
- 의견 교환
- 상식의 공유
- 고통 분담

42　합리성

- 인간은 편안한 상상을 항상 한다.
- 공통분모 간의 상식
- 인간과 기계의 밸런스를 맞춘다.
- 기본에 얼마나 충실했느냐다.
- 기본은 속도와 밸런스다.
- 효율성과 밸런스의 조화

43　시스템

- 시스템적 사고, 논리적 사고, 프로그램적 사고
- System
- 문제 인지, 문제 기준, 문제 해결. 이러한 체계가 필요하다.
- 시스템에 충실한 사람이 문제를 해결한다.
- 사고도 그런 시스템이다. 사고도 시스템을 만드는 것이다.

44 자본

- 비용
- 보통의 사고는 시간과 비용으로 해결할 수 있다.
- 특수한 사고의 경우는 시간과 비용으로 해결하기가 힘들다.
- 문제를 해결한다는 것은 순수 비용을 제외한 부분이다.
- 궁극적으로는 비용을 전혀 생각하지 않고 문제를 해결하는 것이다.
- 비용을 생각 안 하고 문제 해결을 하는 게 중요하다.
- 비용을 제외하고 생각하는 것이 최상의 문제 해결이라 하겠다.
- 일반적으로는 모든 문제 해결에는 비용이 수반된다.

45 인내심

- 고통의 상위 개념
- 고통을 이겨 내는 마음
- 안 된다고 억지 쓸 필요가 없다.
- 그 어떤 것도 참는 것
- 행복과 불행을 이겨 내는 마음
- 문제가 해결돼도 문제지만 문제가 해결되기 전까지는 참고 인내심을 가지는 것은 문제 해결자의 기본이 아닐까 하는 생각이 든다. 여기서의 고통은 어찌 보면 수수하게 보면 사치일 수도 있다.

46   아이디어

- 번뜩이는 생각
- 문뜩 드는 생각
- 문제를 해결하기 위해 떠올리는 생각
- 문제를 해결하고자 할 때 반복적으로 되뇌어 떠올린 생각
- 기본에 충실하면 아이디어를 떠오르게 하는 데 좋다.
- 일, 문제의 해결 요소로서 시간 단축 가능성에 대해 생각하고 아이디어를 떠올려야 한다.
- 비용 단축을 생각해야 한다.
- 일, 문제 해결 → 아이디어 → 비용 단축, 시간 단축
- 인간은 누구나 천재성이 있다고 본다. 두뇌에 기억되어 있는 지식이나 경험을 어떻게 떠올리게 하는지는 오직 본인 몫이다. 잠재되어 있는 것을 떠올리는 것은 비슷한 경험으로 생각해 낼 수 있다.
- 아이디어 하나만으로도 문제를 해결하여 세상을 변화시킬 수 있다.
- 그 누구도 몰랐던 생각을 떠올리는 것이다.
- 거시적, 전체적으로 생각하면 아이디어가 떠오른다.
- 계획적, 체계적으로 떠올리는 방법
- 나 자신도 몰랐던 사실을 떠올리는 것이 아이디어이자 문제 해결이다.

- 아이디어는 비용을 제외한 순수한 생각이다.
- 문제를 해결한다는 것은 핵심 단어나 키워드를 생각해 내는 것이다.
- 원래 있었는데 몰랐던 부분을 찾는 것이다.
- 기본에 충실하면 아이디어가 떠오른다. 기본은 속도와 밸런스다.
- 방법론을 알아내는 것, 행태론을 설명하는 것
- 아이디어가 문제를 해결한다.
- 아이디어로 문제를 해결하고자 한다면 그에 반은 기본에 충실한 생각이 필요하다.
- 유일무이한 방법론을 생각해 내는 것. 결과론적인 생각이다.
- 남의 의견에 아니라고 이야기하기보단 자신의 의견을 말해야 한다.
- 문제 제기가 기본을 이야기한다면 문제 해결은 아이디어를 이야기하는 것이다.
- 과거나 현재도 마찬가지지만 앞으로 다가올 미래의 세상을 바꾸는 가장 큰 요소로서 단 한 사람의 좋은 의견을 아이디어라는 말로 정의하고 싶다.
- 기본에 충실해야 아이디어도 떠오른다.
- 아이디어는 분명 기본과는 다르다. 문제를 해결하고 싶다면 아이디어를 떠올려야 한다.
- 제아무리 날고 기는 전문가라도 아이디어로 무장한 의견은 앞설 수 없다고 본다.
- 방법론의 하나로서 조직이나 사회의 내부적 문제점이나 외부적 문제점으로 구분할 수 있다.
- 어떻게 하면 될까 하는 생각이 드는 순간

- 세상을 변화시키는 요소로 아이디어가 필수적이다.
- 문제 해결하고자 하면 항상 아이디어를 생각할 필요가 있다.
- 영감을 생각나거나 깨달음을 얻고 느끼는 것.
- 아이디어만 끄집어낸다면 나머지 문제들은 술술 풀릴 수도 있다.
- 문제 해결 시 사고나 문제의 접근 방법에 있어 사고 전과 사고 후 두 가지 정도로 대략 볼 수 있다. 전자는 비중이 큰 문제 시간을 길게 가져가야 할 문제 가약성이 있는 문제 등등이다. 이는 사고 원인 분석에 집중할 필요가 있다. 사고 후 가역성이 없는 현실적 판단이 요하는 문제로 전문가의 의견이 절대적으로 필요하다. 여기서 아이디어가 필요한 부분은 전자에 해당되어 아이디어를 이끌어 내기 위해서는 보이지 않는 부분을 상상하고 기획해야 한다.
- 기존의 방법에서 다른 방법으로 해 보는 것
- 떡 본 김에 제사 지낸다는 속담이 있다. 문제 인지가 되어야 아이디어가 떠오르고 계획과 방법이 생각난다는 것이다.

※아이디어의 선결 조건

  1) 속도의 분석
- 늘었나 줄었나, 어떻게 하면 되는지를 생각

  2) 밸런스의 분석
- V와 H의 변화

# 47 공식화

- 시스템을 만드는 것
- 사안이나 정보를 공개하는 것
- 정책은 개인사, 사적 영역에서 공식화, 공적 영역으로 가는 것이다.
- 최대한, 최대치, MAX 등등 극한 상황에서 문제를 보아야 한다.
- 공개된 문제는 누구나 아무나 해결해도 된다.
- 문제 해결자는 전혀 모르는 사람일 수도 있다.
- 투명성
- 문제 해결은 공개된 장소에서 공개된 시간에서 공개적으로 풀 수 있어야 한다.

48 금

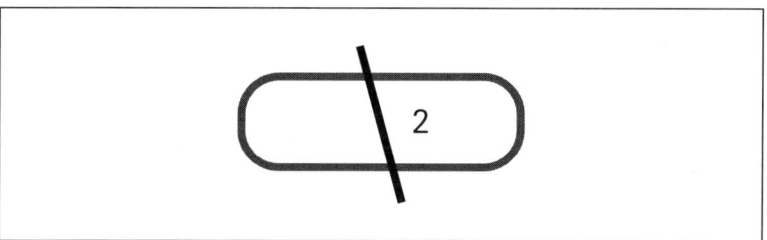

- 금이 갔다.
- Crack
- 금은 최소한으로 유지하는 게 좋다.
- 존재 유, 무
- 반드시 있어야 하지만 확대되는 건 경계할 필요가 있다.
- 궁극적으로는 없는 것이 좋다.
- 안정성을 위해 일정 부분 가져가는 것도 좋다.
- 압력을 저하시키기 좋다. 받아들인다.
- 침전
- 색의 변화
- 갈개
- 틈새
- 시그니처

- 연결 부위
- 배관과 배관 사이 → 용접된 곳
- 일반적으로 배관에 누수가 발생하고 문제가 된다면 배관과 배관 사이에 문제가 있을 가능성이 99.9%다.
- 금은 최소한의 조치이다. 없는 것이 최상이나 불필요하지만 꼭 있어야 하는 이유를 이해할 필요가 있다.
- 토방
- 금에서의 문제가 발생 시 금에 직접적인 영향을 주는 요인을 잘 살펴보면 답이 나올 것이다.
- 금에 문제가 있다면 인간의 문제일 수 있다. 물론 최소화하면 좋겠지만 계속해서 문제가 발생한다면 금에 영향을 주는 인간을 주시할 필요가 있다. 지켜볼 필요가 있거나 방법을 달리해 봐도 된다. 금에 문제가 안 생기게 다른 사람을 찾으면 된다.
- 금이란 거시적으로 본다면 지구에서 비중이 작은 인간이나 건물이라고 봐도 무방하다.
- 임시 조치의 의미가 있다.
- 기준점을 찾아서 문제를 해결할 수 있다.
- 예를 들면 이동 중 파란 신호에서 붉은 신호로 바뀌기 전에 노란 신호가 잠깐 나온다. 운전자는 이 노란 신호를 예비 동작으로 미리 대비할 필요가 있다.
- 예를 들면 TV에서 야구 중계 시 포수 앞에서의 흰색 금을 볼 수 있다. 포수 앞에 있는 이 흰색 금은 문제를 해결하는 입장에서는 판단의 좋은 기준점이 될 수 있다.

49 무한한 가능성

- 문제가 있다면 일정 부분 랜덤성이 있을 수 있어 무한한 가능성을 가지고 가야 한다는 것이다.
- 모든 의견은 사분의 일은 가능성이 있어 보인다고 생각하면 된다. 생각해 볼 수 있다.
- 문제 해결은 총력을 기울여야 한다.
- 모든 사안(사건 사고를 포함)에 있어 일어나는 형태는 인간의 기본적인 상식과 과실 안에서 일어난다고 볼 수 있다.
- 자기 자신의 위치에서 할 수 있는 것을 해야 한다. 할 수 있는데 안 한다, 그건 직무 유기다.
- 상식 기준으로 인간이 할 수도 있는데, 라는 것은 일단은 의심을 하고 봐야 한다. 할 수는 있는데 안 한다, 왜 하냐는 것은 편협한 생각이다.
- 되는 것만을 생각
- 문제 해결은 가능한 이야기만을 생각하는 것이다.
- 현재 현실적으로 가능한가 안 되는가를 생각하는 것이다.
- 본인이 노력을 했는데 안 되는 경우가 있다. 그것은 반드시 이유가 있단 말이다. 안 될 때에는 이유가 있단 말이다. 해결되는 시간을 기다리기보다는 안 되는 이유에 대해 상쇄시킬 근거를 찾아야 한다고 본다.

50 겸손

- 말과 행동은 평생 지울 수 없다.
- 아무리 진실을 이야기해도 듣는 입장에서는 불편해할 수 있다.
- 기본이 내재되어 있어야 한다.
- 결과에 승복하는 것
- 부드러움

51 과학적 상식

- 어느 누구도 인정 안 할 수 없다.
- 모든 인간은 과학적 상식 안에 있다.
- 거시적 진실은 하나지만 미시적 진실은 둘일 수도 있다. (가능성을 배제하면 안 됨)
- 정답은 상식 안에 다 있다.
- 예를 들어 충돌은 배불뚝이 현상이 있다.
- 세상은 물체와 유체로 구분되어진다.
- 진실은 하나다. 그러나 진실을 두 개로 만드는 사람들이 있다. 그 사람들을 과학적 상식을 가진 사람들이라 부른다.
- 지구가 둥글다는 것을 설명 가능
- 관심을 가지는 것
- 문제가 해결된다면 새로운 목표나 계획을 세울 수 있다.
- 전문가들의 상식
- 예를 들면 인간은 태어나서부터 죽을 때까지 체온이 일정해야 하고 같아야 한다. 36.5~37℃.

52 희생

- 내가 죽고 네가 살아라 하는 마음과 행동이 있느냐 말이다.
- 죽는 것은 나 하나로도 족하다.
- 분명 죽어야 할 시간은 존재한다.
- 자신의 이익이 아닌 남을 생각하는 것
- 문제를 해결할 수만 있다면 희생은 당연한 것이다.
- 자신의 이익이 아닌 전체의 이익을 생각과 행동으로 표현하는 것
- 자신의 일을 묵묵히 하는 게 중요하지 그걸 내세울 필요는 없다.
- 어렵고 힘들고 누가 안 알아주더라도 해야 할 것은 기본적으로 하는 것이 희생의 기본이자 전부이다.
- 최악의 상황에서 차선책이 없을 때 인간이 판단할 수 있는 가치 있는 행동

53 다 함께

- 일은 혼자 다 할 수 없다.
- 각자의 일에서 한 가지 목표를 위해 협력하는 것
- 총력을 기하는 것
- 아무리 개인의 능력이 좋아도 공통의 상식을 벗어날 수는 없다.
- 개인보다는 조직, 팀, 사회적 종합 의견으로 문제를 해결하는 게 좋다. 분위기의 띄울 수 있고 전체적으로 사기를 올릴 수 있다는 장점이 있다.

54　나

- 조직이나 집단에서 한 인간만으로도 문제 해결을 할 수 있다.
- 지금의 '나'가 아닌 미래의 국민을 생각하는 것
- 내가 할 수 있는 것, 내가 해야 하는 것
- 미미하고 소소할지언정 문제 해결 못 할 이유가 하나도 없다.
- 현실에 안주하지 말고 앞으로의 일에 집중할 필요가 있다.
- 나 혼자 일을 다 할 수 없다.
- 당장 내가 할 수 있는 일에 집중해야 한다.
- 문제 해결의 대상을 바라볼 때 나를 기준으로 상상해 보는 것이 물체의 원형이나 추구점을 이해한다고 볼 수도 있다.
- 나의 기본은 보고 듣고 경험하고 상상하는 것이다.
- 문제 해결은 나를 기준으로, 살아 있는 사람들을 기준으로 삼아야 한다.
- 내가 할 수 있는 것
- 내가 해야 하는 일에 집중할 필요가 있다.
- 문제 해결은 내가 하는 것이므로 나를 기준점에 둘 필요가 있다.
- 나에겐 꿈이 있다. 이대로 머무르지는 않는다.
- 책을 많이 읽었고 현장에서 경험이 많다고 문제를 해결할 수 있는 것은 아니다. 결국은 나 자신이 아이디어를 반복적으로 낼 수 있느냐는 것이다.

55 전 상황

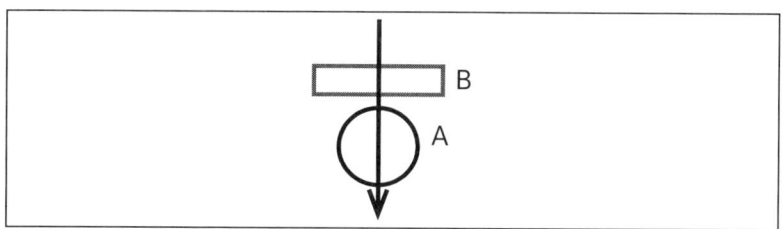

- 사고 전에 이상음이나 기계의 다른 현상이 반드시 있다.
- 사고 전 순수성이 있는가를 찾는다.
- 분명한 것은 사고 전에 이상 징후나 사고의 작은 징조가 있다는 것이다.
- 사고가 클 경우 이에 비례하여 인간이 상상하기 어려울 정도로 이상 증상이 있다.
- 전 문제에 집중해 본다.
- 사고 전 N 상황이 있었는지를 확인한다.
- 무게 중심의 변화가 얼마나 일어났는지 상상해 본다.
- ※ 사고란 이동하는 물체 A의 사고 대비 B를 상상하고 계획하고 디테일하게 표현하는 것이다.
- 망각된 기억을 살려 내기 위해서는 앞전에 있었던 기호, 단어, 그림 등등으로 기본적인 현상을 이해하거나 영감을 받고 계획을 세울 수 있도록 해야 한다.

56 인권

- 상식적인 말과 행동
- 사기 진작 여부
- 평등
- 시간을 공정히 소유
- 정보의 공유 상태
- 프로그램의 인지 여부
- 민주적 신념
- 같은 시간 같은 행동을 하지 않는다면 스킬을 쓰거나 속인다고 보면 된다.

※ 인간의 속성
   1) 생존
   2) 소유
   3) 지배

57 구분

- 통제의 다른 말
- 거시적 접근법이다.
- 구분으로 문제를 해결할 수 있다. 최소한 방향점은 잡을 수 있다.
- 한 가지의, 혹은 한 단어나 한 문장의 명제나 결론이 이해가 가지 않는다면 두 개로 구분하면 이해가 빠를 수 있다.
- 한 가지 사실이 확정되었을 때 이해가 안 간다면 그 사실을 구분한다면 이해가 쉬울 수 있다.

※ 통제와 구분
- 통제는 고전적, 진부한 말이다. 수동적인 의미로 보면 된다.
- 구분은 통제의 다른 말이다. 좀 더 적극적인 의미로 보면 된다.

※ 기계의 구분
- 고정성
- 이동성
- 대략 두 가지 이상으로 나눠서 생각해 보는 것

※ 일이 안 되는 것, 문제가 풀리는 것
- 되는 것과 안 되는 것. 왜 되는지 왜 안 되는지는 감성보다는 이성적 판단이 중요하다.

- 뭘 해도 되는 사람, 뭘 해도 안 되는 사람

※ 시작 단계, 종료 단계
- 처음과 끝
- 원인과 결과
- 원인 없으면 결과도 없다.
- 작은 것 하나라도 소중히 생각하는 것이 문제 해결의 시작점이다.
- 시작과 종료점을 보는 이유는 중간에 무슨 일이 있었는지 모르기 때문에 혹은 랜덤성을 단순화하기 위해서다. 랜덤성을 잡아내기 위해서다.
- 시작이 반이다.
- 결과가 때론 전부일 때가 있다.

※ 큰 사고, 작은 사고
- 문제 해결을 위해선 접근 방법을 달리해야 한다.
- 하위 개념, 상위 개념

※ 보이는 문제, 보이지 않는 문제
- 보이는 것이 다가 아니다. → 확실히 보지 못한 것일 수도 있다.
- 보이는 것이 다가 아닐 때도 있다.
- 보이지 않는 문제 → 보통 평소에 의식하면 느껴지지만 커다란 목적 앞에서는 못 느낀다.

※ 할 수 있는 것, 할 수 없는 것
- 전문가인가 비전문가인가
- 공격자는 안다. 피해자는 안다.

※ 자연스러움, 부드러움
- 자연스러움 → 아래로, 버티컬, 시간, 정지, 막힘
- 부드러움 → 곡선, 호리젠탈, 트렌드, 진행, 흐름

※ 있는 것, 잠재되어 있는 것, 혹은 없는 것
- 예) 자동차에서 EN, ES → 있는 것
- 예) 자동차에서 EB → 잠재성이 있음
- 문제를 해결하고자 하는 강력한 의지, 자극이 있는가, 없는가

※ 최소치, 최대치
- 최소 몇 미터 이상과 이하
- 최대 몇 미터 이상과 이하
- 장점과 단점 = '장단점'을 생각한다. (장단점을 이해한다는 것은 분석의 기본이다.)
- 강함과 약함 = '강약'을 생각한다.

※ 같은 점, 다른 점
- 기계의 사고를 분석함에 있어 동종 이종의 같은 점을 찾아볼 수 있다.
- 그 기계의 다른 점을 찾는다는 것은 그 기계의 특성을 이해하는 것이다.

※ 작은 문제, 큰 문제
- 문제 해결은 원칙상 큰 문제부터 해결한다. 이유는 다중 문제에 있어 문제를 최소화하고 안정적으로 해결하기 위함이다. 단 작은 문제부터의 해결은 시간과 비용이 용이하냐에 달려 있다.
- 거시적 문제, 미시적 문제

- 과거의 문제, 현재의 문제, 미래의 문제
- 보는 사람, 안 보는 사람, 못 보는 사람(보기 싫은 사람)
- 단 인간은 정직한 사람으로 봐야지 굳이 구분할 필요가 없다.
- 소비자의 입장, 생산자의 입장
- 숫자, 카운터, 계산
- 결과를 바꾸는 사람, 결과를 바꾸지 못하는 사람
- 의식과 무의식
- 달콤함과 고통
- 확대 해석과 축소 해석

※ 장점과 단점
- 장점 혹은 열정을 극대화하여 아이디어로 연결시켜 문제를 해결할 수 있다.

※ 감성과 이성
- 감성은 개인의 자유로운 감정
- 이성은 공개적이고 객관적인 상식

※ 승자의 길, 패자의 길
- 문제를 해결하면 승자고 문제를 해결하지 못하거나 외면하면 패자의 길로 간다.

- 세상은 물체와 유체로 구분된다.
- 이동하는 물체는 원형성, 랜덤성의 성질이 있다.

- 있는가 없는가

- 확실성인가 랜덤성인가

※ 문제를 해결하는 사람, 제3자의 입장, 목격자적인 입장
- 사물의 세분화
- 사물의 입장
- 사물에 종속된 입장
- 사물에 영향을 미치는 환경 입장
- 여러 입장에서 생각

58 안정성

- 인간의 궁극적인 목적
- 밸런스
- Balance
- 무게 중심. A 기준으로 무게 중심 A와 무게 중심 B을 생각했을 때 A에 가까울수록 안정감이 있다. 다만 비중이 낮다면 B에 대한 A는 안정감을 덜 느낀다. 예를 들어 비중이 낮은 볼펜은 인간이 내려 들고 있거나 무게 중심에 붙여 놓는다고 해서 안정감의 차이는 못 느낄 것이다.
- 만에 하나를 걱정하는 것이다.
- 실수나 과실이 결과적으로는 인간에게 안정성을 가져온다.
- 보통 기계에서 N을 두는 이유다.

59 비중

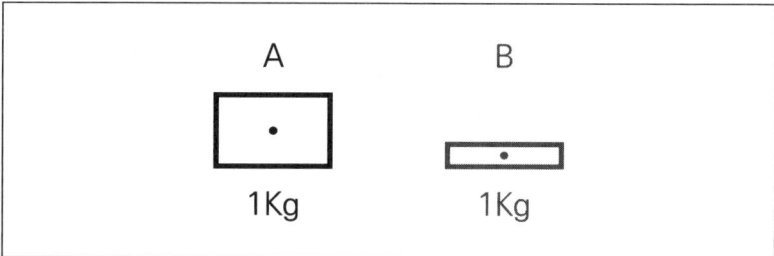

- 거리, 무게, 시간
- 평범한 인간은 비중이 낮아 지구가 둥글다는 것을 못 느낀다.
- 무게 중심
- 크기의 변화
- 무게 중심점의 변화
- 판단의 비중을 낮추면 문제가 해결되기도 한다. 순수성, 단순성, 일관성을 가져오기 위함이다.
- 비중이 낮은 생각이 때로는 문제를 해결하기도 한다.
- 비중을 크게 해서 생각하거나 작게 해서 생각하여 문제를 해결한다.
- 시간이 문제였다면 비중을 좀 더 낮추거나 기본에 충실하면 문제가 해결되기도 한다.

※ 비중의 크고 작음

   1) 물체의 비중이 크면 유체의 영향을 비중만큼 받는다.

   2) 물체의 비중이 작으면 그만큼 덜 받는다.

- 인간의 시점을 비중을 높게 보거나 낮게 봐서 문제를 해결할 수 있다.
- 무게 중심점 기준으로 멀어지면 사고의 개연성이 아주 높아진다.
- 비중의 본질을 생각한다는 것은 메인이 뭐냐, 시스템 안이냐, 목표한 계획이냐, 실질적인 내용이냐 등등 거시적 안목으로 파악하는 것이다.
- 비중을 달리하여 문제를 해결할 수 있다.
- 비중이 큰 문제는 아무나 누구나의 문제다. 왜냐하면 비중이 큰 문제는 아무나 누구나에게 영향을 미치기 때문이다 결론은 아이디어가 필요하다는 말이다.

60 간과

- 문제 해결의 저해 요소
- 간과하는 것이 있을 수 있다.
- 문제가 해결이 안 된다는 것은 분명히 놓치고 있는 것이 있는 것이다.
- 너무 스마트하거나 섬세하면 기본을 무시하거나 기본에 충실하지 못하는 경우가 있다.
- 쉽게 생각하고 그냥 지나침이 분명 문제 해결을 어렵게 만든다.
- 고집의 단점이 발전을 저해할 수 있다.
- 문제 인지나 확인 과정에서의 간과가 결론이나 확정에 있어 큰 오류를 범하게 할 수 있다.
- 잘못된 결론은 본인이 전적으로 책임져야 한다.
- 대체로 기본에 충실하지 못하면 간과하기 쉽다.
- 원래 알거나 쉽게 생각할 수 있었는데 깜빡할 수 있다.
- 신속성의 결여
- 인간은 망각의 동물이다.
- 외적인 요인, 환경적인 요인 등등 인간의 실수나 오판이 사고로 이어질 수 있다.
- 섣부른 판단이 사실을 왜곡할 수는 있다.

- 작은 차이를 누구는 쉽게 생각하고 누구는 아주 크게 생각할 수도 있다. 여기서 중요한 것은 누군가는 일반적인 상식으로 생각한다는 것이다.
- 마음이 콩밭에 가 있으면 현실을 착각하거나 간과할 수 있다.
- 기본에 충실하지 못하면 오류 발생 가능성을 간과할 수 있다.
- 급한 마음

61 기계

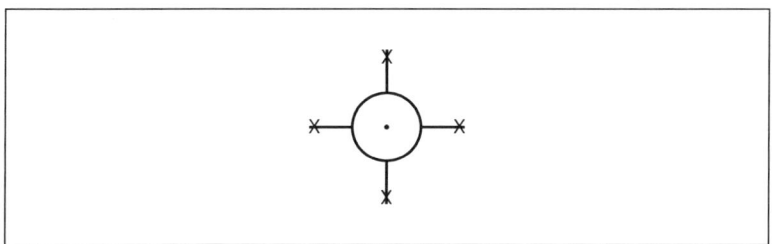

※ 기계의 정의
- 전기 신호를 받아서 압력에 변화를 주는 것
- E → P
- Electricity → Pressure
- E/P
- Machine
- 에너지
- 지금은 P → P 시대가 아닌 E → P 시대에 살고 있다. 자동화 기계를 만들어 문제를 해결할 필요가 있다.

※ 기계를 만들 도면을 그리고 싶다면 전기적 흐름과 기계적 흐름을 그리면 된다.
   1) 전기적 흐름: 인간, 프로그램, PLC, 로컬 패널
   2) 기계적 흐름: 인간, 엔진, 배관, 비중, 물체, 유체, 자동 밸브(솔로노이드 밸브)

- 프로그램: 현장을 인지하는 수치화된 언어 HMI(Human Machine Interface). 보통은 레벨 1이라 부른다.

※ 시스템 레디(System Ready)
  - 작업 전 최종 결과물이고 조건이다.
  - 플랜 B가 사용되었는지 염두에 둬야 한다. 이 경우 간혹 사고로 이어지기도 한다.

※ PLC(Programmable Logic Controller)
  - 프로그램을 수행하는 제1차 보조 역할이라 보면 된다.
  - 기본적으로 전기를 분배한다.
  - 위치는 보통 운전실에 둔다.
  - 계산 장치다.
  - 온도계나 타이머도 있는 경우도 있다.
  - 간단하게 두꺼비집이라고 봐도 된다.
  - 현장 기계의 과부하로 PLC에 오류가 발생되어 프로그램에 오류가 나기도 한다. 궁극적으로 프로세서에 영향을 준다. 시뮬레이션이 필요한 이유다.
  - 여기에서의 오류는 신형 기계라도 궁극적으로 기계의 과압에 의한 오류일 가능성이 크다. 해결책은 일시적으로는 리셋을 하면 되나, 장기적으로는 기계에 어떤 압력을 받는지를 생각해 봐야 한다.

※ 자동 밸브(Solenoid Valve)
  - On과 Off를 수행한다.
  - 전기나 기계적 흐름을 이해할 필요가 있다.

※ 리트렉트 압력
- 보통 인간은 기계를 고정시켜 물체를 갔다가 오게 만든다.
- 보통은 사고를 저압과 과압으로 구분해 본다.
- 물체에 과압이 얼마나 존재했는지를 봐야 한다.

※ 기계의 구분
- 고정성, 이동성
- 고정된 기계, 이동하는 기계
- 공통분모: N이 있다. (예외: 미사일)
- 차이점: 리버스의 유무

※ 세상을 구분하면 물체와 유체로 볼 수 있다.
  1) 물체
    - 인간이 사용하는 물체는 인간에 의해 통제성을 갖는다.
    - 물체의 특성은 물체와 물체 사이의 비중이 다르다는 것이다.
  2) 유체
    - 인간이 사용하는 유체는 배관 안에서 흐른다. 부분성과 통제성을 갖는다.

※ 기계의 세분화
- S.B.E
- 여기서 E는 에너지의 약자. 전기나 엔진의 영향력을 이야기한다고 생각하면 된다.
- 기계 = 엔진 = 압력
- 기계를 만드는 방법(문제를 해결하는 방법이다. 사고 원인을 분석하는 방법이다. 안정성을 가져오는 방법이다.)

※ S.B.P
1) S는 속도다.
   - 속도는 다르게 표현하자면 시간이란 변수와 상관관계가 있다.
2) B는 밸런스다.
   - 밸런스 압력은 속도에 비례한다.
   - 밸런스의 종류에는 VB(Vertical Balance)와 HB(Horizontal Balance)가 있다.
   - VB에서 기본적으로 푸시 압력을 봐야 하지만 상대적으로 리트렉트 압력도 생각해야 한다. 평면도면에서 점(.)이 아닌 선(—, │)을 보고 전체적인 흐름을 이해해야 한다.
   - VB를 왜 기본 압력으로 생각해야 하는가는 비중과 중력을 생각해야 하기 때문이다.
   - VB가 기본인 이유는 기계, 배관, 엔진을 똑바로 세우기 위해서는 보조 장치가 필요하기 때문이다 그것도 똑바로 된 올바른 버티컬 밸런스가 되어야 한다.
   - HB를 봐야 하는 이유는 기본적으로 물체에 접근하거나 이동 시 방향성이 달라지기 때문이다. 짧은 거리거나 속도가 낮다면 상관없지만 긴 거리거나 속도가 높다면 작업 전이나 이동 중에 먼저 고려해야 할 사항이다.
   - S와 B는 기본 압력이다. 기본에만 충실한다면 원인 분석을 받은 한다고 해도 무방하다. 기본에만 충실한다면 아이디어가 떠오른다. 그 아이디어는 기본 이외의 것이다. 간단하다. 추가하면 환경적인 부분을 생각하면 된다.
3) P는 압력이다.
   - 여기서 P는 압력의 약자이고 삼라만상 중에서 선택하여 만든다. 인간이 하고 싶은 것, 무한한 상상력을 동원하여 만들고 싶은 것. 다른 말로 아이디어라고 보면 된다.
   - 보통은 배관에 유체를 넣어 수치화하여 기계를 만든다.

※ 기계에 대한 생각들
- 전기 테스터기 등으로 문제를 발견하고 해결할 수 있다.
- 기계와 인간과의 관계에서 인간은 과실만을 저지르는 존재일 뿐이다.
- 기계보다 인간이 일을 더 잘할 수는 없다. 인간이 하는 일을 기계가 하게끔 해서 문제를 해결해야 한다.
- 기계에는 일정한 규칙과 시스템이 존재한다.
- 인간은 기계를 이길 수는 없다.
- A와 B 똑같이 만드는 게 기계다.
- 기계의 작업은 일정성이 있으므로 인간에게 필요한 일정한 데이터를 뽑을 수 있다.
- 믿느냐 안 믿느냐는 기계의 수치에 따라야 할 것이다.
- 인간보다 기계가 더 정직하다.
- 인간은 기계에 대해 다 안다고 착각한다. 그러나 그것은 오판이다. 기계는 오로지 고장 나 봐야 알 수 있다.
- 인간이 문제를 해결하지 못한다면 인간의 일, 작업을 기계로 대신한다면 좀 더 나은 결과를 받아 볼 수 있다.
- 안 되거나 힘든 부분이 있으면 기계화할 필요가 있다.
- 기계를 만드는 이유는 일관된 데이터를 뽑을 수 있기 때문이다. 보통은 비슷하게 만들어 주면 된다. 열에 여덟아홉 이상이면 된다. 수치로는 80% 이상이다.
- 기계에는 분명 한계성이 존재한다. 기계는 역할과 행동 범위가 정해져 있다. 왜냐하면 기계는 인간이 만들기 때문이다.
- 모든 기계에는 E와 N이 있다.
- 인간이 할 수 없는 일이라면 기계가 대신하여 문제를 해결할 수 있다.
- 보통 인간은 무의식 속에서 살아간다. 의식을 가지고 살게끔 하는데 기계만 한 것도 없을 것 같다.

※ 기계에서 N(Neutrality)에 대해
- 기본적으로 N에는 정지하려는 힘이 온다, 혹은 준다.
- N을 두는 이유는 속도를 조절하기 위함이다.
- 영어로는 브레이크 개념이다. 속도를 줄일 수 있단 말이다. 다른 말로는 잠재성과 효율성이 있다고도 볼 수 있다.
- 엔진이라는 범위 안에서 생각해 볼 수 있다.
- 인간은 편리성 때문에 N에 쉽게 간다.
- 인간은 N을 쉽게 놓을 수 있다.
- 단순성이 있다. 그래서 N을 이해하기 어려운가 보다.
- 기계에 N을 두는 이유는 안정성을 확보하기 위함이다.
- 랜덤성이 있다.
- 인간은 기계를 만들 때 의식적이든 무의식적이든 N을 생각하고 만든다.
- 포괄성이 있다.
- N에는 강제성이 반드시 있다.
- 통제성이 있다. 왜냐하면 엔진에서 나오는 동력을 원활하게 관리해야 하기 때문이다.
- 왜 N이 왔는지에 대한 생각은 외부 환경적인 측면도 볼 필요가 있다.
- N은 시각을 달리해서 본다면 스킬에 해당된다. 스킬로 봐도 무방하다.
- 기계의 시스템이나 프로그램도 이해할 필요가 있다.
- 기계적 흐름 외에도 환경적인 측면을 생각해야 한다.
- N은 System Ready 상태라 봐도 무방하다.
- 기계에서 N 상황이 오는 경우의 수가 너무 많다.
- N을 이야기하기에는 너무 많은 시간이 필요하다.
- N이 있다는 것만 알고 그냥 아무 생각 없이 넘겨야 한다. 혹은 N이 있다는 것만 알고 나머지는 버려야 한다.
- EB의 입장에서 본다면 그냥 하나의 과정이라고 봐도 무방하다.

- 보통은 엔진 안에서 생각하지만 전기적 흐름을 생각하면 엔진과 별개의 의미로 생각해 볼 필요가 있다.
- 인간은 애초에 엔진을 만들 때 N을 염두에 두고 만든다.
- N의 범위를 이야기한다는 것은 석 달 열흘을 이야기해도 시간이 부족할 것이다.
- N은 아마 평생을 생각해도 모를지 모르겠다.
- N은 어찌 보면 전문가용이다.
- 압력의 변화로 봐도 좋고 다음 압력의 기본 압력이라 봐도 좋다.

※ 엔진의 효율성
- EO(Engine Operation): 물체의 이동 중 상태
- EN(Engine Neutrality): 동력이 전달되지 않는 상태
- EK(Engine Kill): 엔진 끄기(일반적으로 기계에 안정화를 가져오는 경우).
- EE(Engine Emergency): 긴급 상황(순수하게 엔진에 문제가 생긴 경우, 또는 기계 전체에 문제나 위급한 일이 생긴 경우)
- EB(Engine Brake): 과압과 저압
- ER(Engine Reverse): 역추진

※ 엔진에 대한 생각들
- 들어오는 압력과 나가는 압력으로 구분된다.
- 방식은 피스톤과 터보가 있다.
- 유체를 변화시키는 장치
- 그냥 단순히 들어오는 압력을 분배한다 봐도 무방하다.
- 나가는 압력은 들어온 압력을 초과할 수는 없다. 만약에 초과됐다면 이걸 Accident라 생각해도 된다. 보통은 들어오거나 발생되는 압력의 삼분의 일이나 이분의 일 정도 사용한다 보면 된다.
- 엔진 보조 압력으로 Relief가 있다. 이유는 압력의 변화를 부드럽게 하기 위함이다.

62 다양성

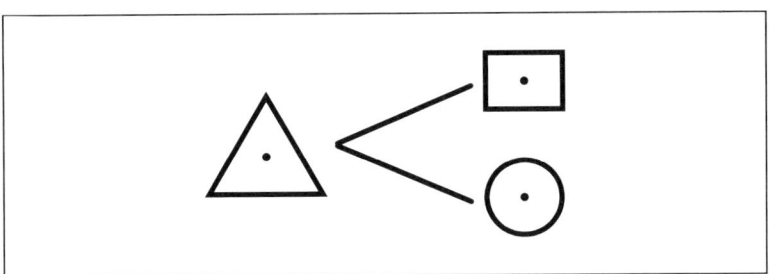

- 폭넓은 식견
- 모든 가능성에서 일관된 사실
- 입체적인 시각
- 아이디어를 도출할 수 있는 아량
- 다른 분야의 일반적 상식
- 문제의 어느 한곳만 보는 일관성도 중요하지만 큰 문제, 비중이 큰 문제, 대형 사고의 문제라면 입체적 생각, 즉 상하좌우의 시각도 필요하다.
- 유체가 포함될 가능성이 있는 문제는 다양한 시각이 필요하다. 물론 많은 문제들 중에는 상당수 유체가 포함되어 있다.
- 방법을 이리도 해 보고 저리도 해 보는 것
- 문제가 되는 부분보다 더 크거나 작게 생각하는 것

- 문제와 연관된 환경을 생각하는 것
- 문제를 해결하는 시점이 정해져 있는가, 다양한가를 봐야 한다. 예를 들자면 VB와 HB를 동시에 볼 것인가, VB와 HB 정면과 측면에서 각각 볼 것인가를 봐야 한다. 어찌 됐든 문제 해결은 보고 이해할 필요가 있다. 여기서 나보고 어느 시점이 문제 해결을 위해서 필요한 것이냐를 물어본다면 나는 다양성을 선택할 것이다.
- 전혀 다른 사람이 전혀 다른 생각과 전혀 다른 방법으로 때로는 문제를 해결하기도 한다.
- 문제 해결을 예로 든다면 밥을 맛있게 먹을 때 여러 가지 방법이 있다는 것이다. 손으로 주섬주섬해서 먹기도 하고 수저를 이용한 방법이나 젓가락으로 퍼먹을 수도 있다.
- 다양성을 이야기하는 것은 우물 안 개구리가 되지 말자는 것이다.

63 현장

- 현장에서 문제 해결 판단 여부
- 보통 현장에 답이 있다. (99%)
- Scene
- 특수한 사고는 현장에서 답을 못 찾는 경우가 있다. (보는 시각이 다르다는 것이다.)

- 문제 해결의 가능성 판단
- 보통은 현장에 답이 있으나 문제를 해결하지 못하는 이유는 해결자의 해석에 차이점이 있거나 문제가 잠재성을 지닌 경우다.
- 현장에서는 되는 것, 할 수 있는 것부터 생각해야 한다.
- 의심을 하지 말고 무조건 해 보는 것
- 현장에서는 무슨 일이든 일어날 수 있다.
- 현장 생각은 인간이 가능한 상상을 되게끔 하는 것이다.
- 현장 생각은 흐름을 수치화해서 곧 처음과 끝을 봤을 때 흐름만을 중요시 여기는 것이다.
- 비중 때문에 현장에서 문제 해결이 안 되는 경우가 있다.
- 현장 생각은 언제나 처음이다. 원점부터 생각하는 것이다.
- 현장 생각은 방법론과 행태론을 분석하는 것이다.

- 없으면 없는 대로, 있으면 있는 대로
- 현장에서는 여러 가지 일 중에서 첫째로 시간을 요하는 것부터 해야 한다.
- 현장에서는 뭐든지 잘해야 한다.

※ 현장을 이루는 요소
    1) 인간: 작업 인원
    2) 시간: 작업 시간
    3) 비용: 작업에 필요한 비용과 기대 수익

64 애국심

- 자기가 속해 있는 조직이나 사회를 사랑하는 마음

65 적격자

- 그 문제는 과연 누가 해결하는 것이 좋은가
- 그 일에 대해 많이 알고 영향력 발휘하거나 정평이 나 있는 사람
- 고기도 먹어 본 사람이 먹는다.

66   생각의 차이

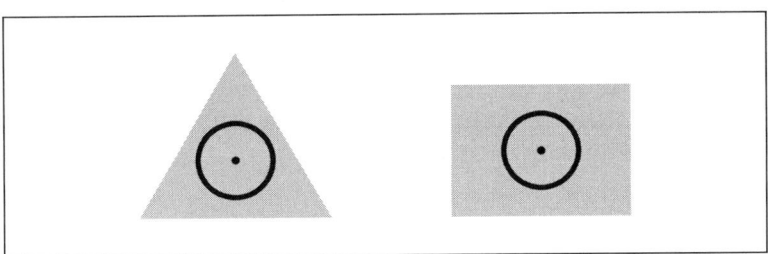

- 음식을 먹고 싶다는 생각, 음식을 먹으면 맛있을 것 같다는 생각
- 문제를 대하는 태도
- 문제를 풀어야 하나, 말아야 하나
- 의무적인가, 적극적인가
- 공격적인 생각, 부드러운 생각, 순수한 생각(A와 B 사이에서 A가 더 크다면 A의 의견에 따르는 생각)
- 이동하는 기계는 원형성을 갖는다. 생각이나 시각을 바꾸면 구슬이다.

67 소유

- 일을 함으로써 성과를 내고 결과물을 얻는다는 것은 인간에게 내재적 잠재적 특성이 있다는 것이다.
- 인간의 잠재력을 과시
- 소유는 인간의 기본 욕구이다.
- 보관
- 잠재우고 나중에 이익을 가져온다.
- 인간의 기본적인 욕구
- 인간의 말과 행동은 소유하려는 욕구가 내재되거나 잠재되어 있다.
- 소유의 요소: 소리, 목표 달성, 이익
- 계급이 높은 사람, 나이가 많은 사람, 명망이 있는 사람 등등
- 이야기하고 성취하고 수익을 얻는다.
- 소유한다는 것은 생존 욕구가 기본이다.
- 과한 소유가 문제 해결에 있어서 걸림돌이 될 수 있다.
- 인간의 기본 욕구에 반할수록 범죄를 저지르는 것으로 보인다.
- 자유의 잠재성

68 랜덤

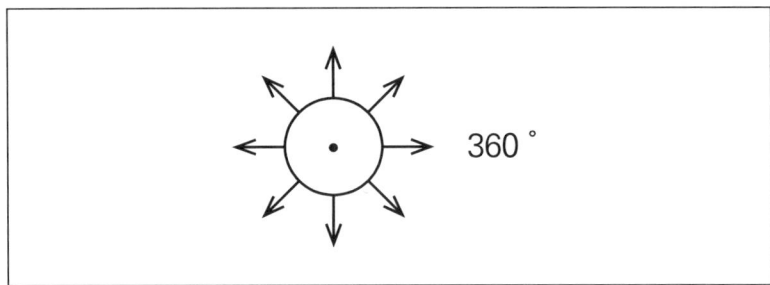

- 한 가지 사안이 랜덤성이 있지 않나 생각해 본다.
- 문제 해결은 랜덤 상황에서 하나만을 골라내는 것이다.
- 오히려 랜덤을 버리지 말고 하나로 문제를 인지한다면 편하게 문제 인지를 할 수 있다.
- 원칙적으로 랜덤성이 있는 것은 버려야 한다.
- 한 가지 사안이라도 종국에 가서는 랜덤성이 있냐를 생각한다.
- 랜덤성이 있는 것은 시간을 필요로 할 때가 있다.
- 대상이 랜덤인가를 확인해야 한다.
- 문제 = 랜덤이라 할 수 있다. 랜덤을 잡아내는 방법은 큰 문제부터, 보이는 문제부터, 있는 것부터, 가장 영향력 있는 것부터 관심을 가지고 1순위로 해결하는 것이다.
- 랜덤 상황 하에서 이루어지는 게 인간이고 기계고 엔진이다.

- 일반적으로 문제는 랜덤 = 잠재성 = 보이지 않는 문제 = 비중이 큰 문제를 해결하는 것이다.
- 문제 해결 과정에서 과정은 랜덤화되더라도 결과는 랜덤화하지 말고 콕 찍을 필요가 있다. 그러나 결과도 모든 가능성을 열어 주는 여유가 필요하다.
- 랜덤 데이터를 일관된 데이터로 만드는 것이다.
- 문제 해결은 랜덤을 하나로 집고 증명해 내야 한다.
- 여러 랜덤 중에서 장단점을 분석하는 것이다.
- 일반적인 랜덤 사항은 지나고 보면 아주 하찮은 것일 수도 있다.
- 문제를 랜덤으로 인식하는 기본이 필요하다.
- 문제 해결은 무한한 랜덤 상황에서 수치를 일관되게 하는 것이다.
- 문제의 특성으로 랜덤성이 포함되어 있다.
- 잠재성 있는 것
- 문제 해결은 만에 하나에 도전하는 것이다. 승자 독식전이라 해도 과언이 아니다.
- 모른다, 어디서 왔는지 오리무중이다, 이렇게 인식이 된다면 랜덤으로 확정하고 문제를 해결하려는 의지가 필요하다. 상황을 설명하거나 접근해 나갈 필요가 없다. 문제 해결만 하면 된다.
- 무게 중심 A 기준으로 무게 중심 B는 랜덤성이 있다.
- 기계에서는 N을 이야기하는 것일지도 모르겠다.
- 진실은 하나고 만에 하나를 찾아내는 것이고 생각하는 것이다.
- 문제 해결 이후 오는 성취감은 문제가 랜덤 상황하에서 만에 하나를 끄집어내어 결과를 확인하는 데 있다.

- 문제가 안 풀리고 어려운 것은 랜덤성이 있다는 것임을 이해할 필요가 있다. 즉 잠재성이 있다는 것이다.
- 문제가 해결되었다 해서 어디 따로 보이는 게 아니란 말이다. 이때의 문제 해결은 소리, 그래프, 도형, 수치로 변환하여 무엇이 문제였는지 전체적인 흐름을 이해할 수 있다.
- 문제에는 랜덤성이 있느냐 없느냐를 확인하는 게 필요하다.
- 문제 해결은 만에 하나 중에서 하나를 확인하는 데 있다. 여기서 '만'은 공통분모라 봐도 무방하다.
- 사고나 문제의 가장 큰 특징은 부분적이거나 전체적으로 볼 때 랜덤성이 있다는 것이다. 이때 비중을 생각해 보면 이해되거나 아이디어가 떠오를 수가 있다. 랜덤이라는 말은 잠재성이 있다고도 볼 수 있다.

69 부족

- 불편함
- 모르는 것
- 안 되는 부분부터 체크해 나간다.
- 과실
- 실수
- 간섭, 저해되는 요소
- 때로는 실수가 문제 해결을 하는 데 있어 자극을 줄 수 있다. (실수를 하게끔 노력을 하여야 한다는 뜻이다.)
- 인간은 때로 과거에 아쉬웠던 부분을 잊고 싶어 한다.
- 부족 안에는 안정성이 내포되어 있다.
- 실망감, 증오심이 더러는 문제를 해결한다.

70 신속성

- 경쟁
- 시간과 비용 측면에서 본다면 문제 발생 시 빠른 해결이 좋다.
- 문제의 사안에 따라 빠른 해결이 사회적 비용을 줄일 수 있다.
- 결국 문제 해결은 빠를수록 좋다.
- 모든 문제 해결은 시간을 요한다.
- 어떤 것이 가장 빠르게 반응하는가 또는 빠르면서 적정성을 가져오는가

71 장작 패기

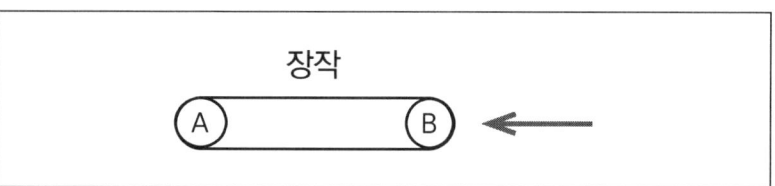

- 인간의 능력은 다 거기서 거기일 수가 있어 집중력 있는 시간과 압력만 필요하다.
- 어디를 정확히 찍어야 하는지는 정해져 있다.
- 일이나 문제 해결 과정에는 위험성이 내포되어 있다.
- 문제 해결을 정확히 해도 위험성은 내포되어 있다.
- 보통은 문제 해결 과정에 위험성이 있으나 결과 이후에도 위험성은 잠재되어 있다.
- 일관성을 가지는 문제인가? 특수성을 가지는 문제인가?를 구분해야 한다.
- 잔재주는 필요 없고 우직함만 필요하다.
- 문제는 정확하게 해결하는 데 중요성이 있다.
- 문제 인지의 바른 방법
- 문제를 해결하기 위해 꼭 봐야 할 곳이 있다.
- 문제도 정해져 있고 결과도 정해져 있다.
- 결과에 대한 섬세성 혹은 디테일한 이야기를 하는 거다.

72 단정

- 단정은 금물
- 자가당착
- 문제에 답이 없다고 단정하는 생각. 정답은 A로 가야 한다고 단정하는 것은 포기를 의미한다. 누군가는 포기를 모르는 사람이 필요하다.
- 소 귀에 경 읽기
- 문제 해결은 삼라만상 중에 하나를 선택하는 것이기에 모든 가능성을 열어 둬야 한다.
- 패착의 원인
- 자기가 아니면 안 된다는 오만함이 그릇된 판단이 될 수 있다.
- 상식적이지 않고 자기가 원하는 것이나 답만을 원할 경우 결과가 멀어지거나 시간이 지체될 수 있다.
- 문제를 정확히 해결함으로써 잘못된 단정과 오류를 바로잡을 수 있다.
- 단정은 문제 해결을 하는 데 있어 가장 큰 맹점이다.
- 문제 해결 후 단정해도 늦지 않다.
- 첫 단추를 잘 꿰어야 똑바로 옷을 입을 수가 있다.

73 예와 정성

• 형식과 절차도 문제 해결의 한 과정이다.

74 자유

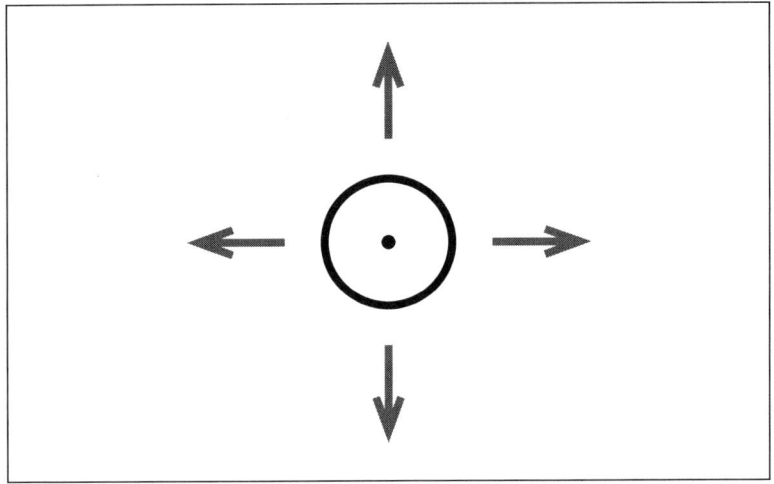

- 생각의 자유
- 행동의 자유
- 표현의 자유(글, 말, 수학, 기하학)
- 강요받지 않은 삶

75 숨은그림찾기

- 문제를 해결한다는 것은 숨어 있는 가장 크고 영향력 있는 요소를 하나만 콕 집어내는 것이다.
- 진실은 하나다.
- 과학적 상식 = 진실은 하나 = 여유
- 잠재성을 찾는 것이다.

76 문제 제기

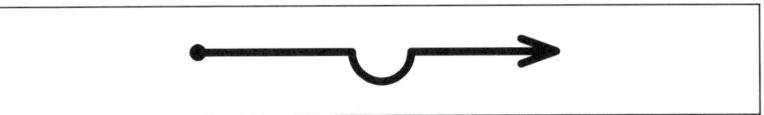

- 정책의 기준이 된다.
- 결과적으로 봤을 때 결과가 중요하기 때문에 제기된 문제를 풀 수 있게 해야 한다.
- 어떻게 하면 좋은 문제 제기가 될까? 제기된 문제를 풀었다 칠 때 모두의 이익 혹은 전체적으로 이익이 되어야 좋은 문제 제기라 할 수 있겠다.
- 기본을 말하고 기본에 충실했느냐를 보는 것이다.
- 문제 제기 → 문제 해결이다. 이 과정이 성립하려면 문제가 해결될 수 있도록 문제 제기가 이루어져야 한다는 것이다.
- 문제 제기는 최소점을 이야기해야 한다. 방향성을 말해야 한다.
- 문제 제기는 비교 편익상 오버되는 부분에 하는 것이다. 단 단출하더라도 반복적으로 일어나는 문제라면 할 수 있다.
- 문제 해결 차원에서 봤을 때 문제 제기란 비용의 문제를 제기하지 말아야 한다.

- 문제 제기가 문제 인지나 문제 해결로 이어지도록 계획하고 상상해야 한다.

※ 문제 제기의 경중
   1) 상: 모두의 문제, 공개적이고 객관적인 문제, 피해자가 수긍할 수 있는 문제.
   2) 중: 모두의 문제이지만 종국에 가서는 일부의 문제로만 남을 문제. 공격자가 문제 인지를 한다.
   3) 하: 모두의 문제이지만 공격자가 인정할 수 없는 문제.

77 사고의 특성

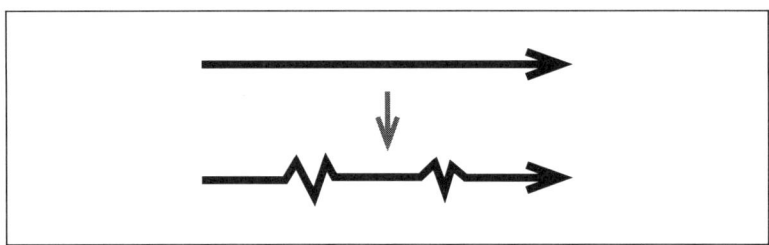

- 사고란 무엇인가
- 안 되는 것으로는 예를 들어 저압과 과압이 있다.
- 사고는 한정성이 있다.
- 사고의 빅 데이터
- 사고의 정의 → 완전히 안 되는 것, 돌이킬 수 없는 것
- 무엇이 사고인가
- 압력이 변화된 것을 이해하는가, 비중의 변화는 없는가, 중력이 발생되지는 않았는가
- 왜 사고인가
- 보통의 경우 상식적인 상황에서 사고가 난다.
- 생명 구조에 시급성이 있는가
- 한정성이 있냐 없냐의 문제다. 사고는 한정성이 있다.
- 사고는 괜히 나는 게 아니다. 무언가 숨겨진 스킬이 있을 수 있다.

※ 과압(Overpressure)과 저압(Low Pressure)
  1) 과압: 압력의 오버. 예를 들어 드라이기를 사용하기 위해 플러그를 꽂아 콘센트에 과하게 압력을 주어 콘센트나 플러그가 부러져 전기가 완전히 안 통하는 상태. 밸런스 기준으로 VB나 HB가 깨진 상태다. (여기서 VB가 기본이자 먼저 봐야 할 사항이다. 왜냐하면 VB는 비중과 중력을 생각해야 하기 때문이다.)
  2) 저압: 압력의 미진. 예를 들어 드라이기를 사용하기 위해 플러그를 콘센트에 미진하게 꽂아서 전기가 안 통하는 상태다.

- 보통은 저압보다는 과압을 사고로 정의한다.
- 이유 없는 사고는 없다.
- 통제가 안 되는 상황
- 유체냐 물체냐
- 인간의 생사 여부
- 기계가 움직이지 않는 상태
- 안 되는 것
- 이상음
- 상당한 데미지
- 전형적인 사고라면 일관된 데이터, 일관된 소리가 반드시 있다.
- 시뮬레이션의 불일치
- 무게 중심에 변화가 있다.
- 궁극적으로 유체에 의한 사고다.
- 사고라는 것은 과거다.
- 사고란 보편적으로 무게 중심이 낮아졌다고 보면 된다. 반대로 무게 중심이 올라가는 현상도 사고로 봐도 된다.

- 많이 아는 것과 사고를 분석하는 것은 다르다.
- 압력의 변화
- 사고는 원칙적으로 유체와 상관관계가 있다.
- 최소치와 최대치를 생각했을 때 둘 다 문제가 있는 것
- 잠재성이 동반되는 사고의 경우 오랜 시간 문제를 해결할 수 없을 수도 있다.
- 비중이 큰 사고의 특징은 일반적으로 전문가들이 못 풀고, 일반적인 상식으로 봤을 때 어디서부터 봐야 하는지 감당이 안 되는 것이다.
- 행동반경 안에 있는 사람들과 상관관계가 있다. (99.9%)
- 무게 중심의 변화: 예를 들면 표면장력

- 기계란 궁극적으로 사고가 나 봐야 그 기계의 진면목을 알 수 있다. → 기계를 완벽하게 아는 사람은 없다.

※ 사고의 일반적인 빅 데이터
   1) 정의 → 유체의 변화
   2) 구분
      - 유체의 영향
      - 먼지의 영향
   3) 세분화
      - 물, 불, 기온, 먼지로 인한 고착

- 결론은 사고에 있어 일정 부분 유체의 영향을 이해할 필요가 있다는 것이다. 100%로도 좋고 부분적으로도 좋다.

- 사고에는 반드시 압력의 변화가 일어난다. 다른 말로 금이 있다는 것이다.
- 변동성을 갖는다는 말이다.
- 사고란 과거의 문제이고 현재 진행형일 수도 있고 미래에 닥쳐올 문제일수 있어야 한다고 정의할 수 있다.
- 사고란 반드시 선경험이 있다. 아이디어를 생각할 필요가 있다.
- 급하면 사고로 이어진다. 그 이유는 인간은 완벽하지 않기 때문이다.
- 사고 발생 시 사고의 모양새나 유형 등에 비추어 보면 사고가 난 만큼의 비슷한 앞전 상황 현상이 있을 수 있다.
- 보통은 사고를 말하자면 인간의 욕심에서 기인한다고 보면 된다.
- 사고란 결과 대비 그만한 사고에는 그만한 비중이 움직였을 거란 것이다. 그 비중만큼 말이다. 일반적으로 문제를 해결하고자 한다면 사고의 비중보다 더 큰 비중을 생각해야 한다는 것이다.
- 사고는 무게 중심이 움직였다고 보면 된다.
- 진실은 밝힐 수 있으나 결과는 바꿀 수 없다.
- 사고란 지구 기준으로 물체의 무게 중심이 낮아졌다고 보면 된다. 이유는 중력에 있다.
- 문제를 볼 때 문제 해결자는 시그니처의 유무를 상상하고 기획해야 한다. 시그니처가 있다면 문제 인지도 가져올 수 있고 문제 해결도 그만큼 쉬울 수 있다.
- 비중이 큰 문제는 불확실한 요소와 한계성의 기중점이 모호하다.
- 기온이 높거나 습기가 높은 상태에서 일할 경우 인간의 마음이 급해져 기본에 충실하지 못해 당장은 아니더라도 나중에 사고로 이

- 어질 가능성이 있다.
- 사고의 결과를 냉정하게 이성적으로 본다면 알고 보면 "어이없는" 경우가 더러 있다.
- 인간의 목적과는 다르게 기계의 방향이 다르게 움직인 경우

※ 무게 중심 변화의 세 가지
- 첫째 물체의 무게 중심이 높아진 경우
- 둘째 물체의 무게 중심이 변화가 없는 경우
- 셋째 물체의 무게 중심이 낮아진 경우

78 권위

- 내재 요소로서 겸손, 실력, 성과
- 카리스마
- License
- 문제를 해결하지 못한 사람의 사실에 근접한 말보다 문제를 해결한 사람의 평범한 말이 더 합리적이다.

79 결과

- 결과는 간단하다.
- 결론
- 성과
- 결과는 정해져 있다.
- 알고 보면 무지무지 간단하다.
- 일반적인 상식 안에 다 있다.
- 문제는 간단하고 쉽게 풀어야 한다.
- 결과를 있는 그대로 볼 것
- 결과를 거시적으로 한 차원 높게 볼 것
- 결과를 한 단어로 집을 수 있어야 한다.
- 결과는 간단하지만 무지무지 중요하다. 결과를 보면 사고의 원인을 가늠해 볼 수 있다.
- 마지막 선택이 중요하다.
- 결과가 중요하다.

- 기존의 결과나 결론을 바꾸는 것이 문제 해결이다.
- 열매는 달지만 과정은 고통스럽다.
- 결과가 간단하면 과정도 간단하다. 인간은 무한 상상의 동물이다.
- 무너뜨리기는 쉽지만 쌓기는 어렵다.
- 결과가 간단하면 과정 또한 간단하다. 방법 또한 간단하다.
- 수치화된 부분을 집중적으로 분석한다. 거시적으로 수치가 늘었나 줄었나를 봐야 한다.
- 결과는 저 멀리 있는 게 아니라 기본에 충실하면 가까운 곳에 다 있다.
- 결과는 굉장히 크고 멋진 게 아니라 작으면서 큰 것이며, 물체 안에 있지만 잠재성을 지닐 수도 있다.
- 결국 결과가 간단하면 문제 해결도 간단하다.
- 결국 결론은 결과가 중요하다는 것이다.
- 현장 생각이 중요하지만 현실적으로 결과를 생각해야 한다. 최악의 경우를 생각해야 한다는 것이다.
- 알면 무지무지 쉽다.
- 말과 행동은 믿지 말고 오직 결과만 생각해야 한다.
- 결론은 하나이기 때문에 결과를 바꾸는 것이 바로 일이고 그것이 열정을 가져야 하는 이유다.
- 흐름만 이야기하지 말고 결과나 수치를 반드시 이야기해야 한다. 의지나 열정만을 이야기하지 말란 말이다.
- 결과론적인 생각은 오직 결과만을 중시한다. 문제 제기, 인지, 과정은 중요하지 않다.

- 결론을 적는 사람이 문제 해결자다. 곧 문제를 풀어야 결론을 적을 수 있고 그렇지 않으면 오판이 될 수 있다.
- 인간은 신이 아니다. 결과를 바꿀 수 없다. 결과에 이르게 된 과정을 살펴보거나 결과에 이르기 위해 노력할 뿐이다.
- 있는 그대로 판단하거나 긍정적인 판단이 좋다.
- 있는 그대로 받아들일 필요가 있다.
- 오직 결과나 성과만이 힘이다.
- 문제의 인지, 과정 등 일련의 전체적인 흐름을 이해하지 못한다면 잘못된 결론이 될지도 모른다.
- 인간은 누구나 행복한 결말, 해피엔딩을 원한다. (그들은 결국엔 잘 먹고 잘살았대.) 결과가 중요하단 걸 알아야 한다. 문제 해결도 알고 보면 간단하지만 행복한 결말 내에서 벗어날 수 없다. 문제는 미래에도 일어날 수 있는 일을 간과하면 안 된다는 것이다.
- 결과론적인 생각이 필요한 이유는 지나고 보면 그 모든 일들은 상식 안에서 이루어지고 행해지기 때문이다. 고의가 아닌 과실이란 말을 하고 싶다. 물론 과정이 고의더라도 결과는 과실이라는 것이다. 그래서 과정만큼은 책임을 져야 한다.
- 사과를 어렵게 땄으면 본인이 맛있게 먹어야 한다. 맛있는 사과를 따서 다른 사람에게 주거나 혹은 사랑하는 사람들에게 주는 것을 희생이라 부르기도 한다. 다른 말로 바보라고 한다.
- 문제를 해결한다는 것은 기회를 만들어 내는 것이다. 여기서의 기회는 문제 해결의 기본이자 과정이다. 과정은 과정일 뿐이다. 결과가 없는 과정은 의미 부여를 하기 어렵다.

- 실력도 좋고 머리도 좋은데 결과나 성과를 못 내는 사람은 지지리도 못난 놈이라 보면 된다.
- 뚜껑은 까 봐야 한다.
- 때로는 진실을 밝히는 것은 하늘의 별을 따는 것보다 더 어려울 수 있다.
- 결과 또한 한 가지 과정이라고 생각한다면 마음이 편해질 수 있고 거시적인 흐름을 이해할 수 있지 않나 싶다.
- 문제가 있다면 반드시 이길 수 있고 승리할 수 있다. 풀 수 있다.
- 얼마나 생산적인가?

- '결국 그들은 행복하게 잘 먹고 잘살았네'가 되어야 한다.
- 성과를 이루는 요소: 시간, 비용, 아이디어
- 인간은 결과에 승복하고 자신감을 가질 필요가 있다.
- 다른 사람의 의견도 중하지만 결론은 본인의 의견이 문제 해결이 되어야 하게끔 해야 한다.
- 결과는 가능한지 불가능한지로 가늠할 수 있다.
- 개인의 결과 보다는 사회나 전체의 이익이나 결과를 내는 것이 더 중요하다.
- 결과론적으로 문제를 바라본다면 진실 이외에 것은 변명에 불과하다.
- 결과에 대한 의미를 생각해 볼 수 있어야 한다는 것이다. 두 가지면 좋고 그 이상이면 더 좋다. 그런 결과나 결론이 두 번 다시 나오지 않게 위함이다. 깨달음을 얻기 위함이기도 하다.
- 분명한 결과가 있다면 원인도 분명히 있다.

- 진실은 결과를 바꿀 수 없다.
- 문제 해결은 결과를 내놓아야 한다. 그 결과가 의미를 가지고 있어야 문제 해결이라 할 수 있다.
- 인간은 자기 자신이 FM이자 법이고 정의라 생각한다. 결과를 알기 전까지는 겸손하고 상대의 의견이 맞을 수도 있다는 생각을 한 번쯤 해 볼 필요가 있다. 결과를 알기 전까지는 말과 행동을 조심스럽게 할 필요가 있다.

80 백업 시스템

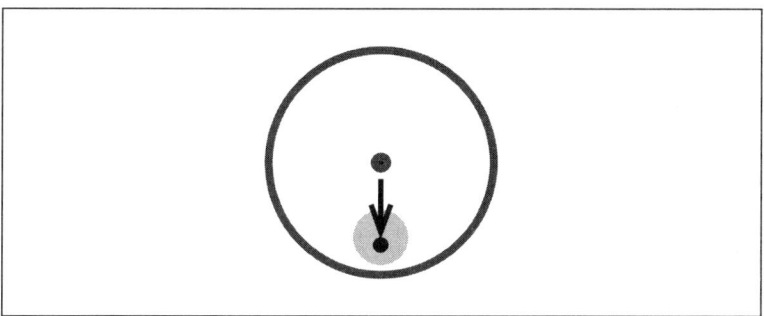

- 생존에 필요한 이중 안전장치
- 예를 들면 센서 감지에 의한 알람 발생
- 미완성 성질을 안정적으로 도와준다.
- 협업
- 보조자
- 조력자
- 동료
- 권위와 상관없이 도와주는 사람이나 기계
- E → P, E/P 장치, 센서
- 희생을 담보로 도와주는 사람
- 부모의 자애로운 사랑
- 미래를 걱정하는 마음

81 그만한 이유

- 문제를 해결하는 이유
- 문제를 해결 못 하는 이유
- 문제 해결은 그만 한 이유를 찾는 것이다.
- 반드시 이유가 있다.
- 페널티
- 환경적인 이유
- 고정관념을 가지고 있는 이유가 있다.
- 순수성과 목적성 때문에 문제를 해결 못 하는 이유가 있다.
- 문제라면 해결 안 될 이유가 없지 않나 싶다.
- 문제가 해결되는 이유가 있다.
- 누군가는 문제를 반드시 푼다.
- 누군가는 문제가 우스워 보일 수 있다.
- 이유 없는 사고는 없지 싶다.
- 사고에 그만 한 이유가 반드시 있다.
- 세상에 쉬운 일은 없다. 반드시 그만 한 이유가 있다.
- 그들만의 이유
- 아무리 랜덤성 있는 일이라도 그만 한 이유가 있다.

82 메모

- 기록
- 일반적인 메모는 미래에 닥쳐 올 위험 요소에 대비하거나 문제 해결을 신속하게 하기 위함이다.
- 일반적인 상식 방법론을 적는다.
- 문제 해결을 미리 적는 것이다.
- 메모를 하지 않는다는 것은 문제 해결을 하지 않겠다는 것이다.
- 미래의 어느 한 시점을 미리 적는 것이다.
- 전문적인 사실이나 사안보다는 일반적이고 상식적인 생각, 행동, 형태 등을 가장 알아보기 쉽거나 편안하게 적는 게 좋다.
- 그림, 숫자, 영어 등을 섞어 적으면 나중에 이해할 때 빠르게 문제 인지나 문제 해결을 할 수 있다.

- 기계의 경우에는 E = P에서 50 = 50으로 공통적으로 중요도 밸런스를 맞추는 것이 좋다.
- 자신의 이익을 위해 메모가 반드시 필요하다. 왜? 인간은 지식을 기억하는 능력에 한계가 있기 때문이다.
- 과거의 어느 한 시점을 추정할 수 있다.
- 메모는 인간의 상상력을 자극한다.
- 간략하게 적거나 서술적 혹은 복합적으로 적어 나중에 볼 때 이해도를 높인다.
- 메모는 어떻게 적는가? 방법론과 행태론을 적으면 된다. 그리 거창하게 적는 게 아니라 소소한 일상 속 행위 등을 적으면 된다.
- 수치나 숫자, 그래프 등을 적을 땐 정확한 수치보단 나중에 기억해 내서 문제 해결이 원활해질 수 있도록 전체적인 흐름을 이해할 수 있게 적는다면 좋겠다.
- 글을 쓰고 메모를 하는 것은 인간에게는 부분적으로 망각하는 두뇌가 있기 때문이다. 일정 부분 랜덤성이 있다. 즉 N이 존재한다. 모든 것을 기억할 수 없고 기억해서도 안 된다. 있다는 것만 알고 과감히 버릴 필요가 있다.
- 인간은 완벽하지 않고 기억하는 데 한계가 있어 메모가 필요하다.
- 인간은 망각의 동물이다. 그건 당연한 거고 그래서 메모할 필요가 있다.
- 메모는 지적이고 심적인 안정감을 준다.

83   반론

- 반증
- 반대되는 생각
- 결론이나 결과가 안 나왔을 시 문제를 해결하는 과정에서 다른 생각을 듣거나 다른 생각을 하는 것은 내 생각이 맞을 수도 있다는 자신감을 주거나 아이디어를 떠오르게 할 수도 있다.
- 다양한 의견이 문제 해결 과정에서 오류를 범하지 않게 할 수가 있다.
- 문제 해결자의 말에 반론 제기 시 제기자가 나중에 후회 안 할 일을 만드는 것이 문제 해결이다.
- 협력이라는 전제하에 제기되는 의견
- 외부 전문가
- 궁금한 점, 알고 싶은 점
- 문제가 해결 되었다면 기쁨과 고통 둘 중에 하나는 있어야 한다. 즉 반증이 있는지 확인하는 것이 문제 해결자의 몫이다.

84 문제 해결

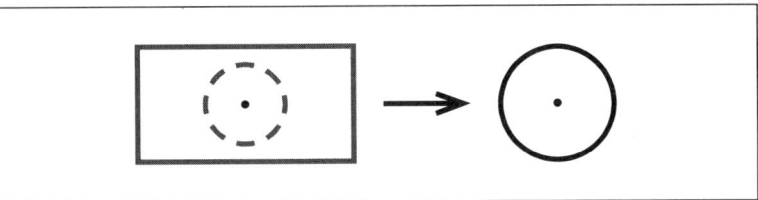

- 일반적으로 계급이나 지위가 높을수록(정보, 빅 데이터) 문제 해결을 많이 하지만 특수한 사고의 경우 꼭 그렇지만은 않다.
- 문제 해결자의 백 마디 말보다 시뮬레이션 결과치라는 한 가지 사실이 더 중요하다. (백문이 불여일견)
- 누군가는 결과를 알고 있는 사람이 있을 수 있다.
- 누군가는 문제를 쉽게 풀 수 있다.
- 편안함이나 고통과 어려움으로 문제 해결을 할 수 있다.
- 꼭 봐야 문제 해결을 할 수 있다.
- 꼭 안 봐도 문제 해결을 할 수 있다.
- 보든 안 보든 다른 사람의 이익을 위해 문제를 해결할 수 있어야 한다.
- 그 문제에 대해서 많이 안다고 해결할 수 있는 건 아니다.
- 문제를 해결한다는 것은 한 단어로 압축하거나 한 단어를 지정하는 것이다. 물론 한 문장으로 서술적으로 말해도 된다.

- 결과, 결론을 확인하는 것
- 문제를 해결한다는 것은 무에서 유를 창조하는 것이 아니라 유에서 유를 확인하는 것이다. 원래부터 있어 왔고 있었던 것을 인간만이 인지를 못한 것이다.
- 기존 시각의 변형. 형태를 바꾸는 것이다.
- 모든 가능성을 생각해야 한다. 왜냐면 삼라만상 중에서 하나만을 선택해야 하기 때문이다.
- 문제를 해결한다는 것은 순수성 유무를 확인하는 것이다. 전체 혹은 부분으로 형태나 부속 부분을 상상하는 것, 생각하는 것이다.
- 미래를 생각하는 것
- 문제 해결은 어떤 때는 잔인해질 때가 있다. 그냥 묻어 두는 것이 때론 나은지도 모르겠다.
- 문제를 해결한다는 것은 한 단어로 집약을 거친다는 것이다.
- 문제 해결은 예를 들면 어떤 사람이 강물에 빠졌을 때 빨리 구하는 것이지 저 사람이 왜 빠졌는지, 누구인지, 뭐 하는 사람인지 등을 생각하는 것이 아니다. 배가 고프면 식당에 가서 배를 채우는 게 문제 해결이고 밥값은 나중에 계산하면 된다.
- 인간이 문제 인지한 문제 해결은 상식 안에 다 있다.
- 문제 해결은 처음 목표로 잡았던 시점, 장소, 물건 안에서 해결해야 한다. A에서 안 될 경우 다음 단계를 확인한다. → B → C
- A에서 확인하는 게 가장 좋다. A의 다양성, 효과성을 극한으로 생각하고 상상으로 아이디어를 도출한다. 문제를 한 번에 다 해결하려고 하면 시간과 비용이 많이 들기 때문에 순차적으로 해결하는

것도 하나의 방법이다. 가장 중요한 건 핵심만 단시간 내에 끄집어 내는 것이다. 순차적 해결 방법은 핵심을 해결했거나 이해했을 경우 여유를 가지고 해결하는 것이다.

- 문제를 해결한다는 것은 이론, 시뮬레이션, 현실이 삼위일체가 되어야 한다. 한 가지라도 빼면 안 된다.
- 다가올 미래를 해결해야 한다.
- 문제 해결은 안 되는 것보다 되는 것을 이야기해야 한다.
- 문제 해결은 있는 것을 발견하는 것이다. 인간이 못 본 것일 뿐이다.
- 문제 해결은 조건을 맞추거나 맞추는 과정이다.
- 문제 해결은 미래의 이익을 극대화하기 위한 것이다.
- 방법을 알아내는 것
- 압력의 기본인 속도와 밸런스를 분석하여 방법론, 행태론을 상상하고 생각해 내는 것이다.
- 문제 해결은 문제 해결 후 하나 혹은 서술적으로 명제를 제시할 수 있어야 한다.
- 문제 해결은 목숨을 걸어야 한다. 희생이란 말은 사치일 수 있다.
- 기존에 있던 것을 확인하는 것에 불과하다. 편하게 생각해야 한다.
- 문제 해결은 때론 목숨을 걸어도 안 되는 때가 있다. 능력이 안 됨을 인정해야 한다.
- 문제 해결의 최선은 미래의 문제를 해결하는 것이다. 물론 과거나 현재의 문제일 수도 있지만 미래의 국민들을 생각하는 것만큼 대안 있는 해결책은 없을 것이다.
- 최선의 문제 해결은 큰 문제를 해결함으로써 작은 문제도 해결하

는 것이다.
- 실전에 강해야 한다.
- 문제 해결은 비용과 시간을 낮추거나 절약하는 것이다.
- 물체의 크기를 작게 하거나 크게 하는 것이다.
- 문제 해결은 총력전이다. 총력을 기울여야 한다. 그래도 안 되는 경우가 허다하다.
- 있는 것보다는 보이지 않는 문제를 해결하는 것이 진짜 문제 해결이다.
- 무난하게 가는 것
- 부드러운 것
- 시간, 압력, 후처리면 산소 토치로 지구도 뚫을 수 있다.
- 보고 확인하는 것
- 들여다보고 상상하는 것
- 확인하고 비교하는 것
- 인간은 대부분 계산하려 든다. 이게 아니라 중요한 건 문제 해결이다. 계산의 단점은 궁극적으로 시간과 비용을 더 들게 한다는 것이다. 그래서 문제 해결을 하고 싶으면 계산 부분을 빼야 한다. 굉장히 중요한 부분이다. 물론 계산으로도 문제는 해결할 수 있다.
- 문제를 해결했다는 것은 동종이나 이종 기계의 사고도 분석할 수 있어야 한다는 것이다.
- 문제 해결은 숫자상으로 0에 도전하는 것이고 아예 없애는 것이다.
- 문제 해결은 거창한 것 같지만 알고 보면 상식적이거나 별 게 아닐 수도 있다.

- A 문제를 해결해서 B 문제를 해결할 수 있어야 진정한 A의 문제 해결이다.
- 문제가 과거에도 있었고 현재도 발생되고 미래에도 발생될 수 있는 것을 보고 확인하는 것
- 기존에 있는 거나 일어날 수 있는 것을 다시 한번 강조하는 것
- 문제 발생이나 문제 해결 과정이나 형태는 비슷하다.
- 한계성이 없는 무한한 가능성을 가진 문제를 해결하는 것이 최고의 문제 해결이자 상수이다.
- 바둑에서 대마를 잡은 상황이 아닌지 모르겠다. 그렇게 생각된다. 그렇게 생각하고 싶고 상상하고 싶다.
- 문제 해결은 기본적으로 시스템을 이해할 필요가 있다.
- 이론과 실체적 경험을 일치시키는 것이다.
- 문제 해결은 기존의 가설 이론 등을 무시하거나 또는 생각, 고려를 전혀 하지 않고 순수 본인의 생각과 아이디어만으로 해결하는 것이다. 가언배제

※ 문제 해결의 이론적 방법론
    1) 공격적: 잔인성, 인간의 욕심, 최대치
    2) 감성적: 슬픈 사랑 이야기, 저자세
    3) 부드럽게: 최상의 문제 해결 방법이라 생각된다.

- 인간은 정상적이거나 규칙적인 걸 추구하지만 비정상적이고 불규칙한 사안을 이해하고 시뮬레이션을 하는 것이 문제 해결이다.

- 대세를 잡는 법, 시간적 우위를 가져오는 것, 즉 바둑에서 대마를 잡는 방법이다. 이게 문제 해결이다.

※ 문제 해결의 경중 → 문제 해결은 누가 하는가?
   1) 전문가도 못 푸는 문제 → 아이디어를 가진 다양한 관점으로 비중이 큰 문제를 해결하는 사람
   2) 전문가 → 전문적인 지식이 있는 사람
   3) 일반인 → 비교적 일반적 상식 안에 있는 문제 → 비중이 낮은 문제

- 남이 나만 못하고 나만 잘산다고 생각해서 문제가 해결되었다 생각할 수 없다. 못하는 남도 잘하게 되어야 문제 해결이라 하겠다.
- 문제의 본질을 순수하게 보는 것도 중요하지만 확대해서 보거나 축소해서 보는 것도 아이디어에 방법론이 될 수 있다고 본다.
- 숫자를 구분하고 분리해서 생각하고 상상하는 것만으로도 문제 해결의 기본이 될 수 있다 하겠다.
- 문제를 확대 혹은 축소해 보는 것이다.
- 문제 해결이란 조건을 만드는 것이다. 새로운 결과를 만드는 것이다.
- 비중이 높으면 순수성을 잃어버리기 쉽다.
- 문제 해결은 보이게끔 해야 한다.
- 문제 해결은 총력을 기울여야 한다.
- 한 단어 혹은 서술적인 한 문장으로 집어 주는 것이다.
- 문제 해결은 잔인한 이야기일 수 있고 슬프고 어이없는 이야기일 수 있다.

- 궁극적으로 문제 해결은 원래 있었던 문제를 해결하는 것이다.
- 문제 해결은 미래에도 닥쳐올 문제까지 해결해야 문제 해결이라 하겠다.
- 방법론을 이야기해야 한다. 어떻게 하면 사고를 일으키는지, 사건이 되는지 방법을 알아내는 것이 문제 해결이다.
- 누가 문제를 해결하는가? Operation을 한 사람이 문제를 해결한다. 보통의 경우에는 말이다.
- 방법론과 행태론을 제시하는 것이고 사고의 형태나 행동을 설명하는 것이다.
- 물체가 크다면 문제 해결에의 접근이 오히려 쉽지 않나 싶다.
- 문제 해결은 잠재성이 있나 없나를 분석하는 것이고 새로운 압력을 만들어 내는 것도 잠재성을 가져오는 것이다.
- 동력 에너지가 무엇인가를 생각하는 것이다.
- 거시적인 방향성을 이야기해야 한다.
- 문제 해결이 된 이후에는 안정성과 과학의 발전 가능성을 가져온다.
- 문제 해결은 그 현상의 미래의 문제도 해결하면 좋으나 그 현상의 반복 가능한 문제를 해결하는 것이다. 개인이 무한히 가능한 문제를 해결하는 것은 아니다.
- 문제 해결은 원천적인 문제를 해결하는 것이다. 다시는 안 일어나게 하는 것이다.
- 문제 해결은 비중을 낮추고 무게 중심을 내려놓는 이야기를 한다. 그러다 보니 어찌 보면 미천하거나 유치찬란할 수도 있다.
- 문제가 발생했다면 그 문제는 평생 간다. 곧 그 문제는 해결해야만

마음을 놓을 수가 있다. 혹은 본인이 죽어야 해결된다.
- 아무도 몰랐던 일이나 누구도 알 수 없었던 일들을 찾아내는 것이다. 그러나 알고 보면 상식적으로 얼마든지 접근할 수 있고 누구나, 아무나 문제를 해결할 수 있다.
- 문제 해결은 누구나, 아무나 할 수 있다.
- 문제 해결은 전체적으로 볼 때 살면서 하나의 과정으로 봐야지 그 한 가지 문제로 몸까지 상하면서 목맬 필요는 없다.
- 뭐든 노력하려고 해야 한다. 안 하는 것보다는 낫다.
- 최상의 문제 해결은 부드러운 것보다 나은 게 없다.
- 문제 해결은 누구든지 이해할 수 있도록 말과 글 등으로 표현해야 한다.
- 문제를 해결하는 것은 계획 안에서 시간을 가져오는 것이다. 미션을 완료하는 것이다.
- 문제를 해결하고 싶다면 항시 원점 안에서 생각하는 사고가 필요하다.
- 유체나 물체를 이동시켜 문제를 해결할 필요가 있다.
- 문제를 해결한다는 것은 문제의 명제나 특성을 상상하고 분석할 필요가 있다는 것이다.
- 문제 해결은 누구도 몰랐던 사실을 밝혀내어 결과를 말하는 것이다.
- 문제가 해결된다면 누군가의 의견으로 해결된다. 그 누군가는 아무나 될 수 있다.
- 문제 해결은 아니라는 생각을 증명하는 것이 아니라 맞는다는 생각을 증명하는 것이다.

- 문제 해결에서 방법론, 행태론, 현상론 중 방법론과 행태론은 반드시 필요한 부분이고, 현상론은 들어가도 되고 빼도 된다.
- 문제 해결이란 그 사고나 그 사실 등의 팩트를 이해하고 본인이 느낄 수 있어야 한다.
- 가능한가 불가능한가 혹은 있다 없다를 정확하게 판단하는 것이다.
- W(왜)보다는 H(어떻게) 했을까를 생각하는 것이 문제 해결자의 자세이다. 여기서 W는 수동적인 의문성을 갖지만 H는 적극적으로 문제 해결을 하려는 의지가 있다.
- 문제 해결은 현실적으로 되는 것을 이야기하는 것이다.
- 인간은 문제 해결을 위해 살고 문제 해결을 목표로 삼는다. 본인이 느끼든 못 느끼든 말이다.
- 문제 해결은 보이지 않는 부분을 상상하고 설명하는 것이다.
- 문제를 못 풀면 모두가 속을 수 있다.
- 문제가 있다면 혹은 발생되었다면 문제를 풀어야 한다. 여기서는 문제가 있다와 발생이라는 확고한 문제 인지를 할 필요가 있다. 기본적인 말이다. 절대 빼놓을 수 없는 사항이다.
- 문제 해결은 결과가 아닌 과정을 설명하는 것이다.
- 문제는 쉽게 풀어야 하고 시간을 단축해야 된다고 본다.
- 문제 해결을 한 사람과 문제를 해결하지 못하는 사람으로 구분할 수 있다.
- 문제 해결자는 아이디어를 주거나 영감을 받게끔 해야 한다.
- 문제 해결은 사실상 미래에도 일어날 문제를 해결하는 것이다.
- 문제 해결은 때로 확률(80%이상 되는 것) 높은 것을 선택하여 문

제를 해결할 수도 있다.(단 순수 랜덤화는 제외)
- 문제란 알고 보면 별문제가 아닐 수도 있다.
- 비중이 큰 문제는 두 개의 문제가 복잡하게 얽혀 있을 수 있다. 그렇다고 문제의 원점에서 벗어나지는 말고 현실을 응시할 필요가 있다. 결과는 알고 보면 쉬울 수가 있다.
- 문제 해결의 기본은 문제인가 문제가 아닌가를 생각하는 것이고 문제라 인지 였다면 반드시 풀어야 한다. 그렇지 않으면 모든 행동과 말들이 세 살 먹은 어린아이의 장난처럼 보일 수 있다.
- 문제 해결은 과정을 멋있게 포장하는 것보다 결국 결론이나 결과를 이야기해야 한다.
- 문제 해결은 부드러움을 찾는 것이고 어떻게 해야 그렇게 되는지 과정을 생각하거나 설명을 해야 한다.
- 한 번의 성과는 어쩌면 이룰 수 있다. 그러나 또 한 번의 성과를 이루기는 힘들다. 또 한 번의 성과를 이루는 것이 문제 해결이다.
- 문제 해결은 한 단면으로 본다면 방법론을 제시한다고 봐도 무방하다.
- 문제 해결은 전체적인 흐름을 설명하면 된다. 구체적인 수치는 실험자가 (시뮬레이터)실험을 통해서 밝히면 된다.
- 문제 해결은 기준점을 분명하게 이야기해야 한다.
- 문제 해결은 결과 이후 의미를 부여하거나 생각해 볼 수 있어야 한다(무엇을 가리키는지 기준점은 무엇이었는지 말이다).
- 문제 해결은 가역성을 느낄 수 있어야 한다. 다른 말로 그와 같은 사고나 문제가 안 일어나게 하는 것이다. 물체의 사고든 유체의 사

고든 문제는 그 사실을 인간이 인지하고 있어야 한다는 것이다.
- 패배자의 말보다는 문제 해결자의 여유나 농담이 더 이롭지 않겠는가 생각한다.
- 문제 해결에 비본은 항상 원점에서 벗어나지 않아야 한다는 것이다. 자기가 무슨 일을 하는지 왜 해야 하는지 어떻게 해야 하는지 이해할 필요가 있다.
- 무계획 속에서 여유롭다면 재미있는 상상을 한다. 이 와중에 상상이 아이디어가 되어 행동으로 옮긴다면 문제 해결에 더할 나위 없겠다.
- 의미가 있는가 없는가 계산을 하든 말든 받아들이는 사람과 상관없이 결론을 내는 것이 문제 해결이다.
- 과정에만 너무 연연하면 결과나 문제 해결이 안 보이거나 흐려질 수 있다.
- 문제 해결은 거시적으로 보면 변화를 말해야 한다. 예를 들면 시간, 물체, 유체의 변화다.

※ 문제 해결 시스템: 문제 제기 → 문제 인지 → 문제 해결

   1) 문제 제기
   2) 문제 인지
   3) 정보 분석
   4) 원인 분석
   5) 시뮬레이션
   6) 문제 해결

85 인간의 감각

- 시각, 청각, 미각, 후각, 촉각
- P → E. 앞으로는 EP시대에서 PE시대가 대세를 이루리라 믿는다.
- 일도 오감으로 하고 문제 해결도 오감으로 한다.

86 구심점

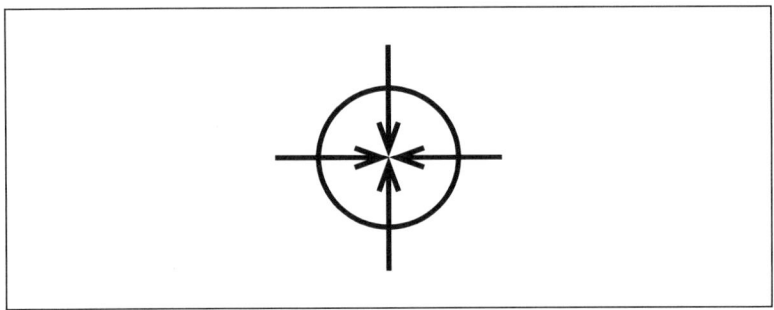

- 정책 결정의 일관성을 갖는다.
- 브레인의 단순성
- 정보 전달의 명확성을 유지시킨다.
- 정보나 의사 전달의 일관성
- 리더
- 권위보다 더 큰 의미로 본다.
- 그 어느 조직의 장
- 당겨 오는 능력을 가진 사람
- 그 어느 조직의 장
- 당겨 오는 능력을 가진 사람

87 일

- 일은 머리로 하는 것이다.
- 문제를 해결하는 것은 머리를 쓰는 것이다.
- 일을 한다는 의미는 문제를 해결한다는 것이다.
- 일이 곧 문제 해결이고 문제 해결이 곧 일하는 것이다.
- 문제를 해결하는 과정이 일을 한다는 의미이다.
- 누구나, 아무나 문제 해결을 할 수 있다.
- 일은 머리로 해야 한다.
- 나이와 상관없다.
- 경력, 성별 등과 하등 관계없다.
- 현장은 움직여야 한다.
- 문제 해결은 사람, 조직, 사회 등을 움직여야 한다.
- 일은 한 가지 사안을 반복적으로 하는 것이다.
- 본인의 이익을 가져오는 것
- 본인의 이익을 만들어 가는 것
- 문제를 해결하는 사람이 일을 준다.
- 밥을 먹고 난 후에 계산하는 것이 정석이다. 그게 일이다.
- 무슨 일이든 하고 나서 이야기하고 밥 먹을 준비를 해야 한다.
- 누구나 할 수 없는 일, 아무나 할 수 없는 일, 상식적인 일. 그게

일이고 문제 해결이다.
- 문제가 해결하게끔 하는 것이 일이고 그 과정이 일이다. 곧 일이란 되게끔 하는 것이다.
- 누구도 할 수 없는 일, 아무나 할 수 없는 일, 그러나 알고 보면 상식적인 일
- 아무도 하지 않는 일, 누구도 하지 않는 일, 상식적인 일
- 일이란 기본적으로 되게끔 하는 거고 이후에 문제는 특별한 사안이 없으면 개인의 영역에서 문제가 해결이 되도록 한다.
- 내가 해야 할 일, 내가 할 수 있는 일
- 이론과 실무를 겸비할 필요가 있다. 그러면 완벽하게 문제를 해결할 수 있다.
- 일을 한다는 것은 성과를 내고 결과물을 만들어 내는 것이다. 즉 먹을 게 있냐는 것이다. 다른 말로 보상이 있냐는 것이다. 인간의 기본적 욕구에 해당된다.
- 무슨 일이든 먹을 게 있어야 일을 한다.
- 일의 세분화: 할 수 있는 일, 할 수 없는 일, 해서는 안 되는 일
- 일은 해야 할 때가 있고 물러나야 할 때가 있다. 기본적으로 시간이 요구된다.
- 뭔가는 일을 해야 한다. 지나고 보면 아쉬움이 남지 않게 말이다. 안 그럼 국물도 없다.
- 일은 부드럽게 해야 한다. 문제 해결도 부드럽게 하면 좋겠다. 하고픈 말은 자기에 안 맞는 일은 하지 말아야 한다.
- 일은 해야 되는데 그럼 어떻게 해야 하는가의 문제다 결과를 볼 수

있게끔 해야 한다. 일의 진행 과정이 결과로 나올 수 있게끔 말이다.
- 필요 있는 인간인지 필요 없는 인간인지는 자신이 결정하는 거다.
- 일을 할 때 불편하거나 불안정할 경우 머리를 쓰거나 아이디어를 끄집어낼 필요가 있다. 여기서의 주안점은 인간의 안정감을 염두에 둔다.
- 되는 것, 되는 일, 가능한 것을 진실이라 하고 되지 않는 일, 불가능한 일을 음모론이라 한다.
- 일을 어렵게 시키면 일하는 입장에서는 일이 어려운 거고 일을 쉽게 시키면 일하는 입장에서는 일이 쉬운 거다. 일하는 입장에서 일을 누구나 아무나 쉽게 일을 할 수 있어야 한다는 것이다. 일이 어렵고 힘들다면 문제가 있다는 것이다. 공정개선을 해야 한다는 말이다.

※ 아이디어, 숙련도, 안전, 비용, 깨달음, 등등
- 선택
- 일
- 문제해결(대전제)

※ 숙련도를(소전제) 이루는 요소
- 책임감, 인내심, 속도, 희생, 사기, 시간 등등

88 인정

- 모든 문제는 솔직함에서 출발한다.
- 문제가 해결되지 않은 이유는 솔직하지 못한 부분이 있기 때문이다.
- 프레임에 싸여 솔직한 생각과 행동에 나서지 못한다.
- 인간사 인정하기도 어렵고 인정받기도 어렵다. 상식적으로 공통분모를 찾아야 한다.
- 믿는 사람, 믿기 싫은 사람, 안 믿는 사람
- 인간과 기계 중에서 문제 인지 능력이 누가 더 나을까? 인간은 오감을 이용하지만 기계는 인간의 프로그램이나 시스템 안에서의 획일성과 일관성이 있다. 그러나 인간은 생각하고 상상할 수 있다.
- 인간은 생존 욕구와 소유 욕구가 있어 쉽게 인정하기가 어려울 것이다.
- 다른 사람이 인정하든 인정 안 하든 문제 해결을 하는 자세와 각오가 필요하다.
- 보통은 인정하기 쉽지 않다. 그러나 문제 해결을 위해 인정이 필요하다.
- 인간은 때론 변명하기보다 말과 행동을 달리한다. 인정하고 싶지 않은 거다.
- 인간은 무의식 속에 산다. 누가 그랬다더라 하니 의식하는 거다.

인정하기란 매우 어렵다.
- 쾌감은 상대방이 자신을 인정할 때 느끼는 감정이다. 또한 문제를 해결했을 때 오는 전율이다.
- 문제 해결의 기본은 솔직히 인정하는 데부터 시작해야 한다.
- 상대방을 인정하여 문제를 해결할 필요가 있다.
- 인정한다는 것은 소유와 생존의 문제이다.
- 인간이 인정하는 것은 쉽지 않지만 한번 인정하면 빠르게 문제를 해결할 수 있다.
- 남을 인정하여 자신의 문제를 해결할 수 있다.
- 고의로 감추려는 마음이 전혀 없는 상태에서 하는 말
- **패배를 인정하고 원인의 흐름을 이해하여 문제 인지를 가져옴으로써 정신적 난관을 헤쳐 나가는 것이 본인에게 더 나은 결과를 가져다줄 것이라 본다.**

89 문제 인지

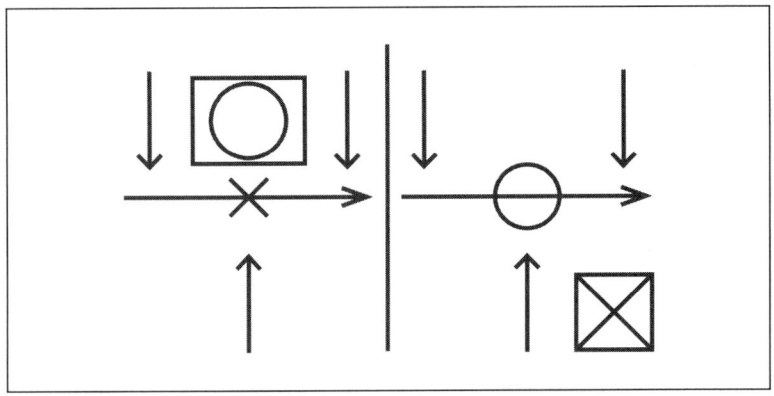

- 문제 인지가 → 문제 해결이다.
- 문제 인지가 제대로 안 되어서 문제 해결이 안 되는 것이다.
- E → E
- 리더의 문제 해결 우선순위. 1순위인가 2순위인가
- 편협성, 지엽성. 이익이 아닌 공통의 문제 인지가 중요하다.
- 문제 인지는 문제 해결하는 사람이 제기된 문제의 타당성을 검토한다.
- 문제 인지는 포괄성을 내재하고 있어야 한다.
- 문제를 말하는 사람, 문제를 해결하는 사람
- 꼭 문제 인지를 잘하는 사람이 문제 해결도 할 수 있다고는 할 수

없다.
- 문제 인지를 잘하는 사람은 섬세하다 할 수 있다.
- 문제 인지는 늦더라도 문제 해결은 빨리 하는 사람이 있을 수도 있다.
- 문제 인지의 기초는 그 문제에 있어 관심을 가지느냐 마느냐.
- 문제 인지는 됐는데 문제 해결이 안 된다? 그건 어불성설이다.
- 문제 인지를 미시적 관점, 거시적 관점에서 두루 살펴봐야 한다.
- 가장 빠른 문제 해결은 거시적 관점부터 해야 한다. (거시적 관점에서 봤을 때 보이는 부분부터 문제 해결을 한다.)
- 문제를 해결한다는 것은 문제 인지가 정확하다는 것이다.
- 문제를 해결했다는 것은 문제 인지를 하고 원인을 파악했다는 것이다.
- 정확한 문제 인지는 순수성만이 필요하다.
- 문제 해결은 문제 인지를 잘할 수 있는 브레인이 필요하다.
- 문제가 해결되지 않은 것은 문제 인지에 간과가 있다는 것이다.
- 문제 인지의 기본은 현장을 직접 보는 것이다.
- 문제 해결이 잘 안 되는 것은 랜덤성이 존재한다 할 수 있겠다.
- 첫 단추를 잘 끼워야 한다. 안 그러면 결과가 다르게 나타난다.
- 사람에 따라 문제 인지가 다르고 결과도 다르게 나타난다.
- 현장에서는 무슨 일이든지 일어날 수 있다.
- 자기 기준으로 기계를 봤을 때 어떻게 생겼는지를 보면 최소 한 가지 해결책은 나온다.
- 기계 사고라면 그 기계의 운영 시스템을 어느 정도 상식적인 수준

정도는 이해해야 한다.
- 결과 → 결과가 중요하다
- 기본에 충실하지 못하면 잘못된 결과를 도출하는 우를 범할 수 있다.
- 줘도 못 먹는 바보는 되지 말아야 한다.
- 큰 멸치의 경우 반드시 내장이 있다. 사람의 피도 빨간색이고 동물이나 물고기의 피도 빨간색이다.
- 엎질러진 물은 주워 담을 수 없다. 포커스는 깨지지 않은 컵이 있느냐에 있다.
- 문제가 사람을 착하게 만들고 오래 살게 한다. (단, 문제 해결이 되었을 시에 말이다.)
- 인간에게 와닿을 수 있어야 한다.
- 문제를 해결하는 사람의 보편타당한 시점 및 시각
- 문제 해결의 기본은 문제 인지다.
- 문제 해결은 문제 해결자가 얼마나 흐름을 인지하냐에 달렸다.
- 문제에는 잠재성이 존재한다. 아무나, 누구나 풀면 그건 문제가 아니다. 숨어 있는 사실을 밝힐 필요가 있다.
- 문제 인지가 잘못된 경우 다른 결론에 이르게 된다.
- 문제 인지의 방향성이 기본인가, 시뮬레이션인가, 아이디어가 필요한 상황인가를 살펴볼 필요가 있다.
- 보통은 문제 인지가 빠르거나 문제를 가장 먼저 본 사람이 문제 해결할 가능성이 높다.
- 문제가 있다면 그 문제는 반드시 풀 수 있다.
- 무엇이 문제인지를 생각해 내야 한다.

- 문제 발생이 미래의 문제까지도 해결할 수 있다. 예를 들면 홍수 범람으로 문제 발생 시 해결책은 수로를 정비하여 앞으로의 물 걱정을 없애고 물을 이용하여 먹거리를 해결하는 것이다. 디테일하게 아이디어를 내자면 바이패스 배관과 리버스 배관을 만들어 문제를 해결할 수 있다.
- 사실 문제 인지는 속도와 밸런스를 분석하는 것이다.
- 문제 인지는 과정과 결과를 합리적으로 이해하는 데 있다. 과정만 생각한다든가 혹은 결과만을 생각한다면 문제 인지의 방향성이 달라질 수 있다.
- 사안의 중대성을 얼마나 인지했는가?
- 일반적으로 알려져 있는 거시적 명제를 바탕으로 아이디어를 이끌어 내어 문제를 해결할 필요가 있다. 명제가 곧 문제 해결이라고 보면 된다.
- 문제 제기의 확인 단계
- 하나의 과정
- 인간이 문제를 어떻게 인지하냐에 따라 결과가 다르게 나타난다.
- 사고의 비중은 얼마나 될까 하는 생각
- 비중이 큰 문제는 본인이 죽지 않으면 해결이 안 되는 경우도 있다. 이건 문제를 회피하는 것이다. 결국 결론은 문제를 해결해야만 한다는 것이다.
- 때로는 잊고 싶은 일이나 혹은 일어나서는 안 되는 일이나 불행한 사고가 생긴다. 그렇다고 슬퍼하거나 화를 내면 문제 인지에 영향을 주어 결과가 삐뚤어질 수 있다. 다는 아니더라도 누군가는 평정

심을 유지할 필요가 있다.
- 문제 인지는 다중적으로 생각해야 한다. 모두가 문제라고 생각할 필요가 있다.
- 문제 제기의 타당성 검토라고 보면 된다. 왜 사고인지, 사고는 맞는지를 생각해 보는 시간이라고 보면 된다.
- 문제의 비중이 높을수록, 시간이 갈수록 안 풀리는 것은 첫째로는 고정관념, 둘째로는 정직하지 못한 부분이 있을 경우가 있다는 것을 잊지 말고 느껴야 한다. 여기서 생각해 볼 사안은 고정관념은 디테일성이 있고 정직함은 거시적 견해가 있어 둘 중에 하나를 고르라 한다면 정직함이 우선이라 하겠다.
- 문제를 발생시키는 요인은 삼라만상이다. 특정된다면 좋겠지만 원칙적으로 무한한 가능성을 열어 두고 생각해야 한다.
- 문제 제기의 타당성 검토
- 제기된 문제를 어떻게 생각하는가, 어떠한 방향으로 가야 하는가를 생각하는 단계
- 문제 인지만 잘하는 사람이 있을 수 있다. 그러나 문제 해결을 위해 결과를 증명하는 사람까지 되어야만 한다.
- 문제가 있다면 문제를 풀 수 있다. 문제의 특성들을 파악할 필요가 있다.
- 문제 제기의 다양성을 인지할 수 있는가
- 그 문제를 받을 것인가 말 것인가는 문제 인지자에게 달려 있다. 중요한 것은 문제 인지가 곧 문제 해결이란 것을 잊으면 안 된다는 걸 알아야 한다는 것이다.

- 문제 인지가 잘 안 될 경우 구분하거나 세분화해서 문제가 보이게끔 해야 한다.
- 문제 인지를 잘하는 사람이 있을 수 있고 문제를 해결하는 사람이 있을 수 있다. 다 잘할 수는 없지만 노력은 해야 한다.
- 문제는 모두의 문제라는 걸 인지할 필요가 있다.
- 문제 인지 차원에서는 비중이 높거나 낮음에 흔들리지 말고, 문제에 N이 존재한다면 어렵게 생각하지 말고 단순성을 가져오는 것도 한 가지 방법론일 수 있다. 여기서는 무한대라고 가정하여 있다는 것만 알고 넘겨야 한다.
- 문제의 원리, 포커스를 인지하고 이해하는 데 있다.
- 문제 제기된 부분의 의도가 뭔지 생각하거나 혹은 문제 해결의 전 단계라고 보면 된다.
- 문제가 해결되지 않은 가장 큰 이유는 인간의 욕심으로 자신만의 이익이 앞서기 때문인지도 모르겠다. 이럴 땐 모든 것을 내려놓고 원점에서 다시 시작하는 것도 나쁘지는 않을 것 같다. 이러한 일련의 과정에서 아이디어가 떠오르거나 타인의 의견을 경청하여 정확한 문제 인지를 가져올 수 있다고 본다.
- 비중이 높은 사고의 경우 공개적인 공동의 문제 인지가 필요하다.
- 반복되는 문제가 발생될수록 계획이나 결과에 다가갈 수 있다.
- 공동의 문제가 발생할수록 문제 해결에 있어 적극적인 참여가 필요하다.
- 문제를 바라보고 뭔가 이상함을 느낀다면 문제 해결에 다가갈 수 있고 그게 바로 문제인지를 바로 하는 것이다.

- 문제를 보고 명제를 찾고 혹은 일반화할 수 있는가를 생각해야 한다.
- 작은 이치로도 큰 깨달음을 얻을 수가 있다. 작은 깨달음으로도 비중이 큰 문제를 이해할 수가 있다.

※ 문제 인지의 시간에 따른 세분화
   1) 과거의 문제
   2) 현재의 문제
   3) 미래의 문제

- 문제 인지를 순수하게 보거나 바르게 보는 것은 문제 해결을 하기 위함이고 그 결과는 빠르게 문제를 해결함으로써 곧 시간과 비용을 줄이기 위해서다.
- 문제 인지의 중요성은 문제가 해결되었다고 착각하는 우를 방지하기 위해서다. 문제가 해결되지도 않았는데 해결된 것처럼 행동이나 사고를 가질 수 있다는 것이다. 누군가는 이성적으로 문제 인지를 바르게 가져 문제가 해결되도록 노력해야 한단 말이다.
- 진실은 하나인데 다른 가설들이 진실인지 거짓인지 구분 안 될 때 느끼는 이상함
- 문제 발생 시에 같은 문제가 또 일어날 수 있는 문제를 인지하는 것이 문제 인지라 볼 수 있다.
- 일반적인 문제 인지는 나 자신뿐만 아니라 모두가 상식적으로 접근할 수 있거나 하다못해 세 살 먹은 어린 아이도 생각할 수 있는 문제를 생각하는 것이라고 본다.

※ 문제 해결의 인지 조건

   1) 문제를 해결한 사람이 있다.

   2) 방법을 제시해야 한다.

   3) 시뮬레이션이 가능해야 한다.

90 섬세함

- 문제 인지를 잘하는 것
- 섬세한 사람이 문제 인지를 잘한다. 그렇다고 문제 해결을 잘하는 것은 아니다.
- 스마트하게 표현하는 것
- 문제 해결을 잘하는 것
- 문제를 둘로 나누는 것
- 결과를 둘로 나누는 것
- 거시적 접근이 된 후에야 미시적 접근이 이루어지면 좋다.
- Detail
- 미시적 접근 방법
- 미세한 차이

91 보는 것

- 색의 변화. 색으로 문제를 해결할 수 있다. 색의 구분으로 문제를 해결할 수 있다.
- 보는 것이 문제 인지의 기본이자 문제 해결이다.
- 본다는 것은 문제를 해결하겠다는 것이다.
- 문제를 객관적으로 본다.
- 관심을 가지는 것
- 현장을 직접 보는 것
- 현장에서는 무슨 일이든 일어날 수 있다.
- 보는 기준점 → 보는 사람, 보기 싫은 사람, 안 보는 사람
- 시야 및 공간을 확보하는 것
- 보면서 색을 구분하여 문제를 해결한다.
- 본다는 것은 색을 구분한다는 의미다. 색이 일관성을 가지는지와 랜덤성을 가지는지를 보는 것이다. 색에 일관성이 있어도 보이지 않는 부분을 생각해야 하고 랜덤이라도 일관성이 있다면 정확성이 있다 할 것이다. 일반적으로는 색에 일관성이 없다면 문제가 있다 할 것이다.
- 역사를 알면 그 사람이 보인다.
- 오직 보이는 것만 믿어야 한다.

- 거시적 시야 확보
- 솔직하게 보는 것
- 본다는 것은 기본에 해당한다. 보이는 문제부터 해결할 필요가 있다.
- 노출
- 본인의 이익이 없이 순수하게 문제를 바라보는 것
- 어떤 물체나 사물에 대해 거시적 관점, 미시적 관점으로 보는 것
- 있는 그대로를 보고 현실적으로 판단하는 것

※ 문제 해결 시스템? 시각차? 해결 능력의 수준?
   1) 문제 인지 → 문제가 발생되었다는 것만 인지
   2) 방향성 → 문제가 어느 쪽에 발생되었다는 것만 인지
   3) 문제 해결자 → 원인 분석 후 계산

- 현장을 봐야 문제 인지가 된다. 문제 해결은 차후의 문제다. 이 경우 대체로 부분성, 협소성, 희소성을 갖는다.
- 보는 것만으로도 문제 해결이 된다.
- 결국 결론은 보이게 하는 것이 최선의 문제 해결이라는 것이다.
- 들여다보고 계획이 서는지, 목표가 발생되는지 봐야 한다.
- 지켜보는 것만으로도 문제 해결이 된다.
- 때론 사람의 말보다 사람에게 보이는 것으로 문제 인지를 할 수 있고 해결할 수 있다.
- 비가 오면 우산을 들어야 한다. 보이는 문제부터 해결해야 한다.
- 문제의 일관된 형태를 보고 문제를 해결할 필요가 있다.

- 문제 해결은 분명히 봐야 한다.
- 현장에서 전기가 안 통할 경우 전기 분전함을 먼저 본다. 전기가 들어오는지 안 들어오는지를 확인할 수 있도록 빨간 등을 한 개나 두 개를 설치하여 분전함을 열지 않고도 색으로 확인할 수 있도록 해 놨다.

92 고통

- 고통은 항시 찾아온다.
- 한 가지 문제를 해결하는 과정이나 그 결과 이후에 느끼는 괴로움 또는 외로움
- 꿈과 상상이 현실의 잔혹함과 오버랩되는 상황
- 꿈과 상상 속에 잔혹함이 들어오는 것
- 꿈과 상상을 바라지만 현실은 잔혹하게 이어지는 것
- 문제를 해결함에 있어 경험과 상상력이 동원되기 때문에 고통이 따른다.
- 장점과 단점이 동시에 일어나거나 발생한다.
- 이질감과 동질감 속에서 발생한다.
- 문제를 해결함에 있어 조바심과 여유가 공존함으로써 큰 괴리감을 느낄 때 고통이 따르거나 올 수 있다.
- 문제를 해결한다는 것은 그때 당시를 이해하고 상상한다는 것이기 때문에 그걸 본 사람이라면 당연히 고통과 고뇌가 따를 것이다.
- 어려움과 고통 없이 문제를 해결한다? 이런 건 있을 수 없다. 큰 사고에는 반드시 고통이 따른다.
- 문제는 문제 해결 이후에도 고통이 남는다. 이게 문제다.
- 문제 해결을 못한 고통 또한 못지않다.

- 사는 데 있어 고통이란 잠시 왔다 가면 그만인데 잠시 쉬었다가 또 오거나 수시로 오는 것이 문제이다.
- 고통을 표현하거나 느끼는 데 있어 눈물만큼 좋은 방법도 없을 것이다.
- 최소한 사자에 대한 말과 행동은 조심해야 한다.
- 고통의 기억은 지워지지 않는다. 다만 깜빡할 뿐이다.
- 문제 해결 전이나 중이나 후에나 고통은 따른다.
- 고통을 못 느끼면 좋지만 최소화하는 것이 좋다.
- 문제 해결 이후에 고통을 가져오는 게 문제 해결이다.
- 기계에서 리셋을 의미한다. 한마디로 기계적인 의미에서 전기를 내렸다 올리는 것이다.
- 고통을 느낀다는 것은 그 사실을 뼈에 각인시켜 잊지 않겠다는 것이다.
- 스스로 고통을 가져오는 게 문제 해결이자 종결점이다.
- 문제 해결은 고통이 따른다. 반드시 고통을 수반해야 완전한 문제 해결이라 할 수 있다.
- 고통을 잊기 위해 글을 쓰는 것도 나쁘지만은 않다.
- 고통이 없는 문제 해결은 있을 수 없다. 누군가는 희생하고 고통을 느꼈을 것이다.
- 고통 없이 문제 해결을 했다는 것은 사기꾼이다.
- 문제를 해결한다는 것은 고통을 염두에 둬야 한다.
- 패배나 과실에서 오는 상실감, 소유하고 자격 획득에 실패 후 오는 실망감

- 고통을 느끼는 데 있어 감성적, 이성적으로 접근해 갈 수 있다. 감성적으로는 그 일을 뼈에 새겨 영원히 잊지 않는 것이고 이성적으로는 그 일을 시간적으로 짧게 기억에 두는 게 좋다.
- 아픈 기억은 평생 간다. 잊으려고 노력하지 말고 일에 집중할 필요가 있다.
- 때로는 가끔은 안 일어났으면 하는 일들이 일어나곤 한다. 이도 저도 못하는 일들 말이다. 시간을 길게 가질 필요가 있다.
- 고통 없이 문제가 해결되었다 한다면 그건 원래 본인의 문제가 아니었을 것이다.
- 문제는 해결하고 난 이후에도 고통의 문제가 지속된다는 이야기다. 어쩌면 고통은 끝이 없을지도 모르겠다.
- 문제 해결에 실패 시 오는 고통은 그나마 과정이라 생각하면 위안이 될지 모르겠다.
- 고통을 잊으려 할 때 결과를 안 보는 방법이 나을지도 모르겠다.
- 아픈 기억은 평생 못 잊는다. 다른 말로 고통이라 한다. 잊으려 애쓸 필요가 없다. 시간이 되면 기억나고 시간이 지나면 망각된다. 시간이 되면 후회하고 상념에 빠진다. 고통에서 오는 문제 해결의 의지는 사자에 대한 최소한의 예의이자 의무다.
- 고통에서 나오는 상상은 마음만 아프게 한다.
- 고통을 느끼지 못하고 문제를 해결할 수는 없다.
- 고통 없이, 실패 없이 성과를 이룰 수는 없다.
- 어차피 최종 고통은 문제를 해결하는 사람이 가져간다.
- 고통은 있는 그대로 느끼고 생각해야지 그 고통으로 남을 끌어들

이거나 고통을 전가할 필요는 없다.
- 상황에 따라서 고통을 표현하거나 참고 인내할 필요가 있다.
- 악몽이 현실이 될 경우 가끔은 고통을 느낀다.

※ 고통을 때로는 감춰야 하는 경우가 있다.
    첫째는 순수하게 봤을 때 알려져서는 안 되는 사안이다.
    둘째는 누구에게나 창피한 경우다.
    셋째는 피해자의 이익을 위함이다.

※ 대비한 고통은 그나마 덜 고통스럽지만 대비하지 못한 고통은 분노를 자극한다.

93 신념

- 신성
- 문제를 해결하는 과정이나 일을 한다는 것에서 신성함을 느껴야 한다.
- 현장에서 느낀 점을 뼈에 각인되도록 생각하고 상상한다.
- 흐름이 수치화되는 것을 현장에서 뼈에 각인되도록 생각해 봐야 한다.
- 무의식적인 의지
- 자기 자신을 사랑하는 것
- 맹목적인 사랑
- 문제 해결은 해도 되고 안 해도 되고가 아니라 반드시 해결해야 한다는 신념이 필요하다. 선택의 문제가 아니다.

94 편안한 마음

- 불편함도 문제를 해결하지만 정신의 집중을 위해서는 편안한 마음이 요구된다.
- 문제가 해결이 되든 안 되든 안정된 마음이 요구된다. 왜냐하면 결과는 정해져 있기 때문이다.
- 한 가지 문제만 해결할 것이 아니라 다른 문제도 해결해야 하기 때문이다.
- 부담감이 없는 마음
- 문제를 해결하여 편안한 마음이 되게 해야 한다.
- 편안한 마음은 문제 해결 전이나 후에도 필요하다.
- 편안한 마음이 필요한 이유는 사고나 문제가 맞다면 반드시 풀 수 있다는 것이다. 그렇기 때문에 사고 시점이나 문제의 발생 시점에서 문제 인지를 바르게 가져오기 위해서 편안한 마음이 필요하다는 것이고 사고를 결론이나 결과로 받아들여 한계화하지 말고 '이 또한 하나의 과정이다.'라고 생각해야 바른 결과를 가져오거나 아이디어를 이끌어 낼 수 있는 것이다.

95   직접

- 밥은 밥상을 직접 차려 먹어야 더 맛있다.
- 남이 차려 준 밥상은 미각만을 자극한다.
- Directly
- 문제 해결은 밥과 반찬을 차려 한 상 내놓는 것이다.
  - → 여기서 밥을 먹는 사람은 평가자나 판단자이다. 밥맛이 있는지 없는지 확인하는 사람이 전문가이다.
- 인지 과정, 확인 전 과정에 참여하여 문제를 해결한다면 그 기분은 무엇과도 바꿀 수 없을 것이다.
- 직접 하면 오감을 느낄 수 있기 때문이다.
- 문제 해결의 기본은 본인이 많은 문제에 직접 직면해 있느냐는 것이다. 그리고 그 경험상 많은 문제 해결을 해 본 빅 데이터가 있느냐가 관건이다.
- 바이패스, 리버스, 보존
- 인간은 지식 능력의 한계가 있기 때문에 실수를 할 수가 있다. 그러지 않기 위해서 직접 행동에 옮길 필요가 있다.

96 하나를 알아야 열을 안다

- 우선순위
- 처음부터 급하게 먹으면 체한다.
- 큰 문제부터 해결하고 후속 문제는 차근차근 해결해 나간다.
- 기본에 충실한 것
- 자기방어권
- 생존권
- 본인 스스로 할 수 있는 일
- 기본에 충실하지 못하면 고정관념이나 탁상공론에 빠질 수 있다. 현장 상황도 못 파악하고 대안을 내놓을 경우다.
- 되는 부분부터 체크해 나간다.
- 기본에 충실하지 못한 생각이나 시뮬레이션은 탁상공론에 불과하다. 이런 경우는 비중을 간과해서 일어날 수 있다.
- 비중이 큰 문제부터 해결하여 작은 문제들은 덤으로 해결되거나 천천히 해도 된다.

97 냉각

- 냉각수
- 랜덤성을 포함하고 있다.
- 유류를 에너지원으로 하는 기계에는 반드시 냉각이 필요하다 왜? 열이 발생하기 때문이다.
- 다른 말로 휴식이라 할 수 있다.
- 결론은 기계의 안정성을 도모하는 것이다.
- 뭐니 뭐니 해도 압력의 저하야말로 문제의 안정성을 가져온다.
- 비중이 큰 기계는 냉각 장치에 더 신경 쓸 필요가 있다.

98 그나마 작은 성의

- 문제 해결은 크거나 광대한 게 아니라 작은 성의로부터 시작된다.
- 작은 문제 하나하나도 빠짐없이 모두 들어가야 한다.
- 문제 해결이 잘 안 될 경우 목표점의 반만 해결한다면 지나고 나서 보면 여유가 생긴다.
- 인간이 할 수 있는 것을 해야 한다.
- 십시일반

99 현실

- 현재
- 오늘
- 문제 해결은 과거, 현재, 미래를 일치시켜야 한다.
- 현실에서 되는 것에 주목하는데 시뮬레이션이 가능한지를 생각해 볼 필요가 있다.
- 문제 해결은 되는 것부터 해결해야 한다.
- 현장에서의 현실적 판단(미래 위험성의 존재 가능성)이 중요하다.
- 무한한 가능성을 염두에 두고 현실적 판단을 하는 것이 중요하다.
- 지금은 EP 시대다. 현실을 망각하지 말자.
- 현실은 좀 더 잔인할 수 있고 좀 더 감성적일 수 있다.
- 옛 속담에 손자가 할아버지 제사상에 올라온 곶감을 훔쳐 먹어도 용서가 된다 했다.
- 현실적으로 할 수 있는 일을 해야 하고, 없다, 안 된다, 할 수 없다는 말과 행동은 하지 말아야 한다.
- 당장의 호구지책
- 현실적으로는 당장 할 수 있는 일을 해야 한다.
- 현실은 극단적으로 봤을 때 좀 더 잔인하고 추악할 수 있다(직접 보고 느낌). 최소치로 봤을 때는 그저 인간은 먹고살기 위한 방편

에서 벗어나지 못한다.
- 현실에 너무 충실하면 때론 욕먹을 수 있다.

100 현장을 떠나 생각해 보기

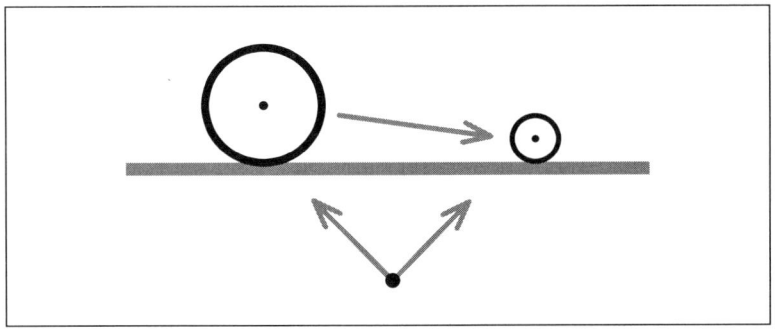

- 비록 문제 현장에서는 떨어져 있지만 시간이 오래 지났어도 문제를 해결하는 것
- 현장에서 문제를 해결하면 더 좋으나 저 멀리 떨어진 상태에서도 문제를 해결하는 것
- 현장을 잠시, 혹은 멀리, 또는 아주 떠난 상태에서 문제를 해결하는 것
- 지금은 문제를 해결할 수 없지만 미래에 해결할 수 있다는 생각
- 간혹 다른 사람들이 재미있다고 하는 책이나 영화를 바로 봐 줄 게 아니라 한참 지나서 보면 공정성과 객관성을 유지할 수 있다.
- 바둑을 두는 사람과 구경하는 사람의 생각이 다르다.
- 문제 인지의 정확성을 높이기 위해서다.

- A, B, C, D 각각의 문제에 있어 A의 문제를 해결하고 전혀 다른 이종, 동종의 문제를 해결하는 것, 할 수 있어야 하는 것

- 현장에서 느낀 점을 조금씩 적었을 뿐이다.
- 이 글은 현장에서 느끼고 비중이 낮은 상태에서 문제를 해결한 경험을 바탕으로 적었다.
- 뭔가를 기록하고 싶었다.
- 꽃이 아름다운 이유는 인간의 관점에서 보기 때문이다.
- 문제 해결은 자기 스스로 느끼는 게 가장 중요하다.
- 깨달음이란 혼자만의 것이 아니라 모든 이가 공감하는 것이 되어야 되지 않나 생각된다.
- 현장을 떠나서 생각해 본다는 것은 우물 안 개구리가 아닌 거시적 흐름을 이해하고 느끼기 위함이다.
- 결국 결론은 깨달음을 얻어 문제를 해결해 모두의 이익을 얻기 위함이다.
- 문제를 해결하고자 한다는 것은 더 나은 삶, 더 나은 여유를 가져 앞으로 다가올 문제를 슬기롭게 해결해 나가기 위함이다.

문제 해결

제 2 장 | 문제 해결 사례 1
세월호 사고 원인 분석
(1~99)

01 세월호에 대한 이런저런 생각들

작금의 상황은 가설에 대한 불신이 팽배하여 원인 규명이 되었음에도 사람들이 쉽게 믿지 않으려 할까 걱정스럽다.
문제의 핵심이 보이지 않거나 증거가 부족할 경우 오히려 순수하고 단순하게 문제에의 접근이 필요하다고 생각된다.

이런 경우 가설의 중요성은 개인적으로 99.9%에 육박한다고 본다.

그렇다고 나의 가설이 반드시 옳다고는 생각하지 않는다.
문제가 해결되고 나면 아 이거였어? 하고 큰 실망을 하지 않을까 우려된다.

02   30psi

시운전 시절 외국 엔지니어가 눈에 힘주며 자신 있게 한 말이다.

몇 개월 전 30psi란 말에 새벽에 문득 잠에서 깨었다.

잠시 담배 한 대 물며 생각에 잠기니 몇 년 전 본 신문 내용이 오버랩 되며….
미국의 어느 70대 은메달 운동 선수가 젊었을 때 올림픽에서 조금만 더 잘했으면 금메달을 딸 수 있었는데….
가끔 잠에서 깬다는 기사가 있었다.

직장을 관두기 전까지 30psi는 항상 지키려고 노력했고 후회는 없다.

03 세월호에 대한 나의 각오

- 세월호는 역사에 기록될 사건이다.
- 아니 기록되고 있다.
- 누군가는 반드시 해야 할 일이라 생각된다.

- 사람마다 안 아픈 곳 없다지만, 문제를 안고 가도 되는 것과 해결하고 가는 것은 큰 차이가 있다 생각되고….
- 물론 다 고치고 가잔 이야기는 아니다.
- 국민의 사기를 위해 반드시 해결이 필요하다.

- 세월호 사고는 과거나 현재가 아닌 미래여야 한다.
- 사고의 원인 규명 없이 불확실한 미래로 갈 수 없다 생각된다.
- 미래를 위해 현재는 책임 있는 행동이 필요하다.

- 아마도 세월호를 푸는 열쇠, 키워드는, 초심은, 자신감이 아닐까 하는 생각이다.

04 세월호 사고 원인 분석

- 결론은 → 외력이다.
- 세월호는 '강한 조류에 휩쓸린 믿기 힘든 불행한 사고였다'고 생각된다.
- 순수하게 보면 바닷물이 배를 밀어 올린 것이라 생각한다.

※ 또 다른 이유로 사고가 나지는 않았을까?
  배에 무슨 문제가 있었는지, 멀쩡히 가던 배가 사고가 났다?
  분명한 것은 운전실에서 무언가 신호를 줬을 것이다.
  중요 핵심 요소 세 개만 살펴보겠다.
  1) 운행 속도
     - 조류가 센 구간에서 속도가 높았다.
     - 그러나 비중은 낮다고 본다.
  2) 균형성(평형수)
     - 방향 제시성을 갖는다고 본다.
     - 꼭 필요한 요소지만 비중은 낮다.
  3) 엔진 중립
     - 배가 정지하려는 힘이 생긴다.
     - 최소치이다.

- 배가 급회전했다는 것은 최악의 경우가 발생했다는 것을 의미한다.
- 최악의 경우는 선수를 꾹 눌러 주는 상태를 말한다.

※ 엔진 브레이크
  - 가장 강력하게 정지하려는 힘을 발생시킨다.
  - 최대치이다.

※ 엔진 정지
  - 엔진 중립과 같이 정지하려는 힘이 발생되지만 최소치이다.

※ 압력의 단계적 변화(accident sequence)
  - 강한 조류 앞에 고속으로 배가 진입
  - 엔진 브레이크 발생
  - 무게 중심이 앞으로 이동
  - 배가 극한 상황에 도달
  - 평형수의 위치에 따라 좌우 선택
  - 컨테이너 추락
  - 급회전 Start
  - 속도 감소
  - 리버스

※ 추가
  - 엔진 브레이크는 직접적인 증거는 없다.
  - 블랙박스 영상에서 간접 증거를 찾았으면 좋겠다.

- 영상이란 사진 + 소리이다.
- 사진으로는 증거를 찾는 데 시간이 많이 걸린다.
- 사고 전 5초 사이에 무슨 일관된 소리가 났는지 집중해야 될 것이다.

05 상상의 자유로움

- 세월호 → A1234
- 사고 당시 세월호 → A
- 인간의 상상력 → 사고 당시 A를 표현, 설명
- 시뮬레이션 → 사고 당시 A+. A- 로 표현

06 인간이 만든 엔진

- 왜 엔진을 만들었을까?

- 인간은 엔진 중립을 가장 먼저 만들었다.

- 문제를 해결할 의지가 있다면 가장 크고 가장 영향력 있는 요소인 엔진을 봐야 하지 않을까?

07 왜 강한 조류를 무시하는가?

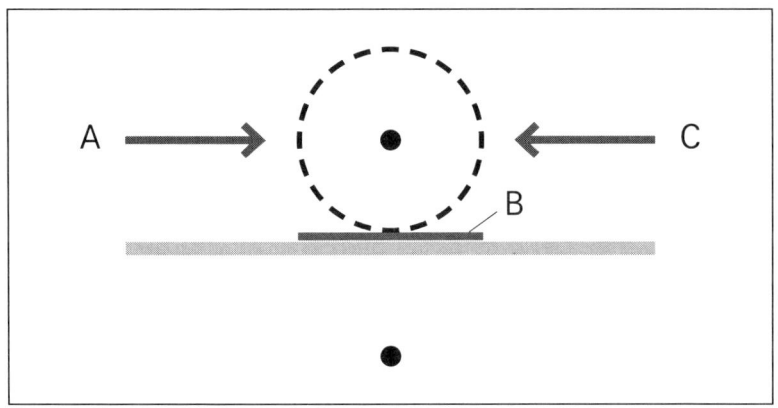

※ 조류의 세분화
   A: 역조류 구간
   B: 순수한 바다
   C: 순조류 구간

세월호의 사고 전 속도가 17.5노트로, 이건 누구도 무시 못 할 데이터다.

뭐 세월호가 사고가 안 났다 이런 주장이 아니라면 말이다.

그럼 엔진 출력은 세월호의 사고 전 17.5노트의 속도에서 얼마에 맞춰진 출력일까?

출항에서부터 사고 전까지의 엔진 출력 예상치 및 실제 속도 예상치를 생각해 봤다.

장소	속도 추정치	엔진 출력 추정치
인천	20	20
태안	20	20
진도	20	20
병풍도	17.5	?

- 인간의 감각은 무서울 정도로 일정성을 유지할 때도 있다. 예를 들어 서해안 고속도로나 경부 고속도로와 같이 평평한 도로 위를 달릴 때 인간은 100km 속도로 일정하게 달릴 수 있다.

  그러나 만약에 영동 고속도로에서 100km로 달리다가 급격한 산을 넘는 도로를 만났을 때 속도는 아마도 80~90km로 떨어지는 현상이 나타날 것이다.

- 내가 말하고자 하는 바는 세월호는 사고 직전까지 속도를 줄이지 않았다는 것이다.

- 세월호는 사고 직전까지 엔진 출력이 그 배가 낼 수 있는 최고의 상태였을 것이다.

- 17.5노트라는 것은 강한 조류가 만들어 낸 속도라는 것이다.

08 리버스에 주목해야 하는 이유가 있다

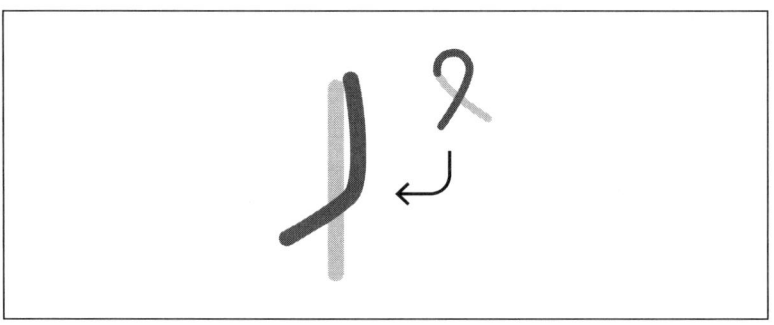

- 그림은 세월호의 전체 항적이다.
- 일반적으로 보는 항적에서 좀 더 거시적으로 봤다.

- 세월호는 사고 후 리버스된 사고다.
- 리버스는 믿고 급회전은 간과한다?
- 급회전은 믿고 사고는 안 믿는다?

- 세월호 사고 원인을 밝히는 관건은 거시적 안목이다.
- 세월호는 사고 전·후 사정을 보면, 갔다가 왔다.
- 세월호 안에서 E → P 신호를 줄 수 있는 기계 장치를 찾으면 된다.

09 기계에서 'N'에 대한 생각들

※ 다양한 시각으로 봤다. 물론 엔진이라는 생각 안에서 말이다.
   1) 순수하게 보면 속도를 조절하기 위함이다.
   2) 브레이크, 즉 속도를 줄이는 수단이 될 수 있다.
   3) 랜덤성이 내재되어 있다.
   4) 단순성과 복잡성이 혼재되어 있다.
   5) 기계마다 비중이 다르듯이 N도 비중에 따라 차이가 난다.
   6) 인간의 명령어가 반드시 필요한 사항이다.
   7) 결과적으로 프로펠러에 동력이 전달되지 않는 상태였다.
   8) 인간이 엔진을 만들 때의 기본 원칙이다.
   9) 기본을 아느냐 간과하느냐는 인간의 자유지만 문제 해결을 위해서는 기본을 이해할 필요가 있다.

• 첫 단추를 잘 꿰어야 전체적인 흐름을 이해할 수 있지 않나 싶다.

10 상당한 데미지가 있어야 한다

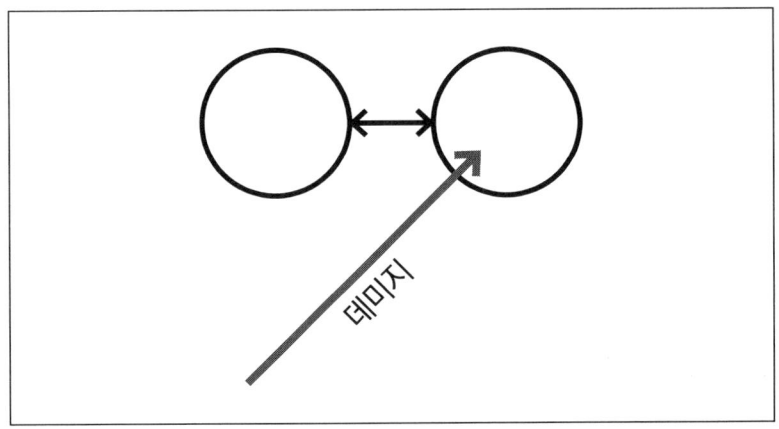

1. 문제 제기
- 이동하는 물체와 물체가 충돌했다 가정하자.

2. 문제 인지
- 비중이 된다.
- 사고가 날 수 있다.

3. 문제 해결
- 결과 → 랜덤으로 흐른다는 것이다. 이유는 이동하는 물체의 특징

이나 성질은 원형성을 가지기 때문이다.
- 누가 봐도 상당한 데미지가 있어야 한다는 것이다.
- 다른 말로 할 수 있는데 결과를 이야기하지 못하는 말이다. 되는데 증명은 못 해 준다, 이런 말이다.

4. 평가
- 물체적 외력을 이야기하는 것은 기본만 충실했다는 것이다.
- 여기서의 물체란 암초, 바지선, 유조선, 잠수함 등이다.
- 시뮬레이션을 전혀 고려하지 않았다.
- 영원히 시뮬레이션 가능해야 한다는 것이다.

※ 아마도 이 부분은 어느 일정 부류의 사람들은 깨달음을 얻기는 매우 힘들 것으로 본다. 물체적 외력이 전혀 없었다는 사실을 이해하려고 하지 말고 그냥 이성적 사고력이 필요한 부분이다. 깨달음을 많이 가져오는 것도 불합리하지만 물체적 외력이 아닌 이유를 깨닫는다면 반에 반은 이해됐다고 보면 된다. 바보가 아닌 이상 물체적 외력은 시뮬레이션을 하면 안 된다. 내가 말하고자 하는 결론은 물체적 외력이 있었다면 "retract" 압력이 존재해야 한다는 것이다. 덧붙이자면 부어오른 부분이 있냐는 것이다.)

11 문제 제기의 타당성 검토

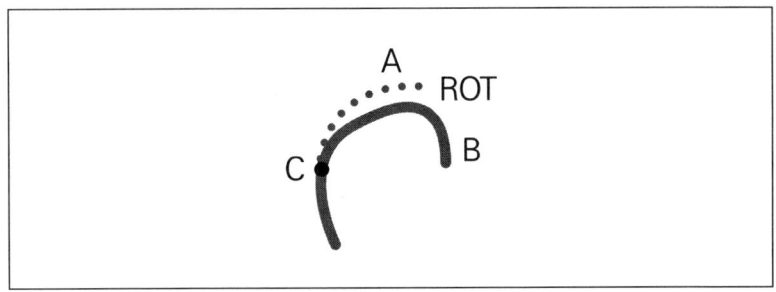

A는 인간이 낼 수 있는 물체의 항적 구간이다.
B는 인간이 낼 수 없는 물체의 항적 구간이다.
그래서 문제 제기 부분 C점에서 무슨 일이 있었냐는 것이다.

거시적 흐름을 본다면 C점과 B점 모두가 설명되어야 하지만 C점의 명확한 설명이 필요하다는 걸 느껴야 한다. 비중이 더 크다는 것이다.

B점 구간은 A점 대비 일관성 있게만 항적을 맞춰 주기만 하면 된다고 본다.
물론 여러 가지 봐야 할 의문점들이 생각날 수도 있겠지만 비중이 큰 문제나 할 수 있는 문제를 먼저 봐야 한다고 생각 된다.

C점이 사고로 추정되는 곳이다. C점은 되는데 B점이 안 되거나 B점은 되는데 C점이 안 되면 무슨 소용이겠느냐. 개인적인 생각에 수치로는 C점 B점을 맞추되 C점이 80~90% B점이 10~20% 보면 되지 않을까 생각한다.

※ 결론은 기본적으로 비중이 높은 C점을 해결해야 B점도 만들어 낼 수 있다는 것이고, 문제 제기는 적절하지 않았나 하는 생각이 든다. 문제 제기는 잘됐고 나머지는 문제 해결자들의 몫이라고 본다.

12. 속도가 왜 줄었을까?

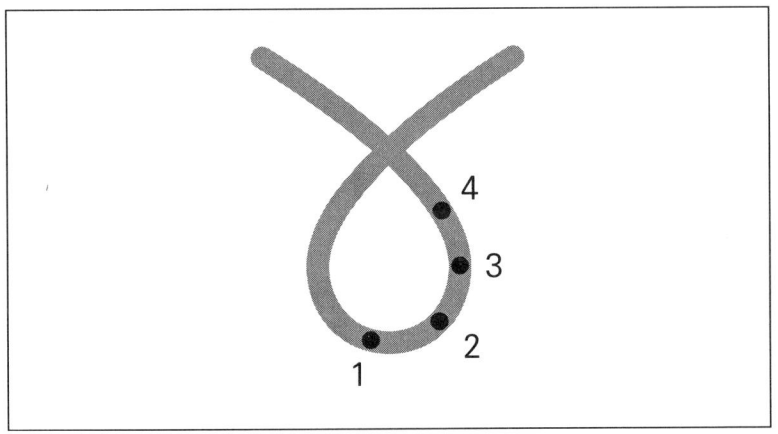

※ 그림의 지점
   1: 속도 0노트쯤
   2: 속도 5노트쯤
   3: 속도 10~12노트쯤. 사고 지점으로 추정된다.
   4: 속도 17.5노트쯤

- 문제 제기를 새롭게 본다면 세월호 사고가 왜 났는지 중에서 배의 속도를 어떻게 하면 줄일 수 있는지를 생각해 볼 수 있다.

- 어떻게 하면 고속으로 가던 배의 속도를 줄일 수 있을까?

즉 속도를 줄이는 방법을 설명하면 사고 원인을 설명하게 되는 것이다.

- 배에는 브레이크 장치가 없는데 어떻게 속도가 줄었을까 하는 게 의문이다.

- 속도가 줄어드는 방법을 기계에서 찾으면 된다.

- 물론 세월호 앞의 유체를 간과하면 안 된다.

13 시뮬레이션의 필요성

- 그림은 세월호의 간략한 항적도다. 보통 그렇게 보면 된다.
- 만약에 레이더가 없었다면 문제 제기도 안 됐을 것이다.
- 그래도 문제 제기가 된 항적도는 시뮬레이션을 통해 모든 사실에 접근해 갈 필요가 있다.
- 시뮬레이션으로 문제를 해결할 필요가 있다.

- 결론은 세월호의 항적도는 시뮬레이션만으로도 구현 가능하다는 것이다.

14 다양성이 필요한 이유

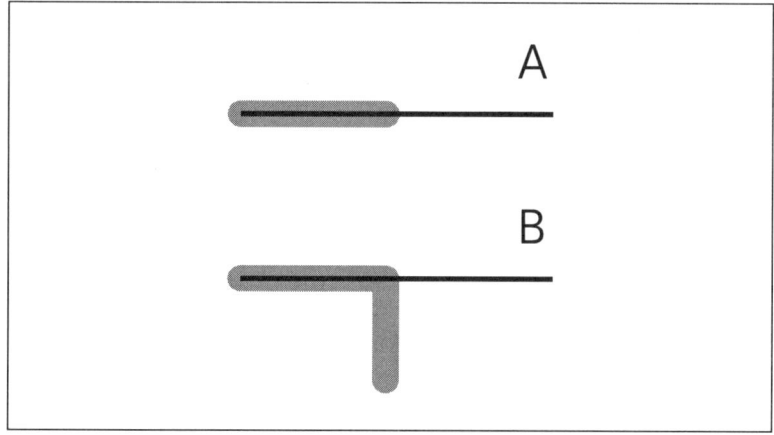

- 위 그림은 세월호의 간략화된 항적이다.
- 다양성을 가지고 본다면 위 그림은 무게 중심의 이동 동선을 위에서 본 화면이다.
- 문제를 해결하고자 할 때 다양성이 필요하다.

※ A는 세월호의 무게 중심선이 리버스 된 모습이다.
  - 기본적으로 옆에서 본 모습이다.
  - 이 정도만 가지고도 푼다면 좋겠다.
  - 최소 EN과 EK도 된다.

※ B는 리버스 된 후 완전 침몰된 상태이다.
  - 빅 데이터가 있다. (일관성이 있다는 뜻이다).
  - 다른 시각으로, 중력이 작용했다.

※ 다양한 시각
  - 바다 기준으로 밀어 올렸다.
  - 지구 기준으로 당겨 왔다.
  - 기계 기준으로 밀렸다.
  - 운전자 기준으로 통제 불능 상태였다.

※ 문제를 해결하고자 하는 입장
  - 휩쓸렸다. (이건 위에서 전체적 흐름을 생각하고 상상한 결과다).

※ 결국 결론은 프로그램적 이해가 필요하다는 것이다.
- 전체적 흐름을 이해할 필요가 있다.
- 세부적으로는 유체를 생각해야 하고, 기계 어딘가에 명령어를 전달하는 것은 인간이라는 것도 이해할 필요가 있고, 인간이 왜 이런 판단을 했을까 하는 생각과, 시스템 혹은 인간은 과연 어떤 프로그램을 장착했는가도 생각해 볼 필요가 있다.

15 사고 전 5초를 상상해 본다

※ 엔진 브레이크로 가는 길
- EO: Engine Operation
- EN: Engine Neutrality
- EB: Engine Brake
- ES: Engine Stop

```
EO                    Accident              Reverse


EO    →    EN    →    EO    →    EB    →    ES
```

- EN에서 N은 포괄성 및 랜덤성이 존재한다 할 수 있겠다.
- 대부분은 기어 변속을 의미하지만 전기적 문제 및 EO의 일시적 다운 상태라고도 할 수 있다.
- EN에서 N은 랜덤성이 존재하므로 굳이 증명할 필요는 없다고 본다.
- EN에서 N은 인간의 상상력을 자극시킨다.
- EN이 존재한다는 것만 알고 버려야 한다.
- 여기서 EN은 배와 자동차의 차이점이 존재한다고 볼 수 있다.
- 어찌 됐든 분명한 것은 EB로 가기 위해 반드시 EN이 와야 한다는

것이다.
- 결론적으로 기어 변속에 의한 사고나 단순 정전이란 말보다는 Engine Brake라는 명확성이 필요하다.
- 무한 상상은 인간의 자유다.

16 가설의 조건

※ 첫째 → 정지하려는 힘을 줘야 한다.
- 수단과 방법을 가리지 않고 배에 정지하려는 힘만 주면 된다.
- 외부든 내부든 복합적이든 정지하려는 힘이 있어야 한다.
- 정지하려는 힘이 없는 배는 엎을 수 없다.
- 그동안 인간은 배를 엎을 수 없었다.
- 앞으로는 가능할까?
- 앞으로는 가능해야 한다.
- 불가능을 가능으로 바꾸는 것이 세월호의 진실을 아는 것이다.
- 세월호는 불가능한 일이 일어난 믿기 힘든 불행한 사고였다.
- 내가 쓰고도 흐르는 눈물을 참을 수가 없다.
- '없다'는 말은 이때만 하고 싶다.

※ 둘째 → 시뮬레이션 가능해야 한다.
- 모형실험이 가능해야 한다.
- 모형실험이 반복 가능해야 한다.
- 영원히 가능해야 한다.

※ 셋째 → 증언자의 말에 맞춰 줘야 한다.
- 증언자가 거짓말했을 리가 만무하다.

- 증언자 다수의 의견에 맞춰 줘야 한다.
- 증언자 모두가 거짓말했을 리는 만무하다.

- 조건을 갖추려면 세 가지 모두 들어가야 한다.
- 한 가지라도 빼면 안 된다.

17 다 있다

- 엔진 브레이크는 영어다.
- 착각은 자유다.

※ 자동차
- 일반적으로 자동차에서 사용하고 자동차에만 있는 줄 안다.

※ 배
- 배도 엔진 브레이크가 있다.
- 현재 나만 아는 것 같다.

※ 비행기
- 비행기도 있다.
- 비행기가 강한 기압을 만날 때 바디에 직접적으로 영향을 주기도 하지만 이로 인해 엔진은 떨린다.
- 덜덜 비행기 내부가 시끄러워진다.
- 기장이 안내 방송을 하는 이유다.

※ 오토바이
- 오토바이 사고의 주요한 원인은 엔진 브레이크다.

- 이동 중 기어 변속으로 정지하려는 힘이 생긴다.
- 결국 결론은 이동하는 기계에 엔진 브레이크는 '다 있다'.

18 기계의 행적

※ 세월호에 필요한 중요한 변수

- 기계를 생각해 봐야 하는 이유

    1) 문제 제기한 것을 맞춰 주기 위해 일관된 데이터가 필요하다. 단 인간은 기계를 이길 수 없다. 다만 순응할 뿐이다.

    2) 세월호의 무게 중심을 이동 중에 올리기 위함이다.

- 곧 세월호가 어떠한 동선을 보였는가를 본다면 유체와 함께 일정 부분 일정하게 세월호를 들어 올렸다고 생각할 수 있다.

19 문제의 본질

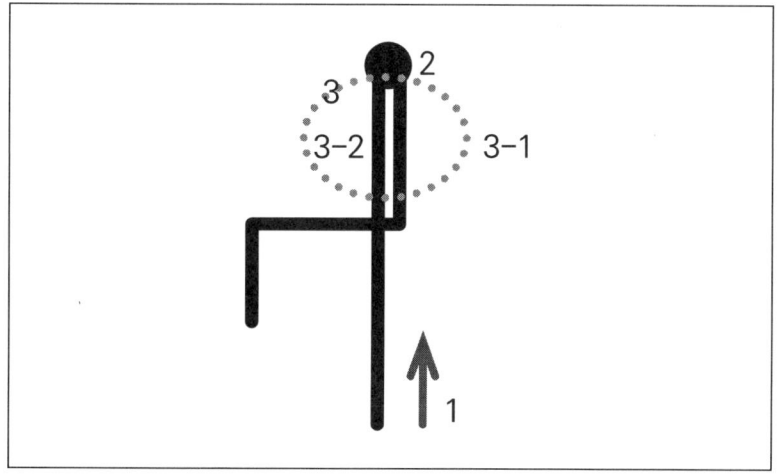

- 모든 사고에는 문제의 의미를 생각해 볼 필요가 있다. 이유는 문제를 풀기 위함이고 전체적인 흐름을 이해하기 위해서다. 문제의 현상을 미시적 접근법보단 거시적 접근이 문제를 이해하는 데 더 다가가지 않나 하는 생각이 든다.
- 그림은 물체의 이동 방향을 상상해 본 것이다. 1은 물체의 진행 방향, 2는 사고 예상 지점, 3은 Reverse 구간이다. 3-1 구간은 거시적 흐름으로 본다면 안 보이는 구간이고 3-2 구간이 보이는 구간으로 보면 된다. 안 보이는 구간을 굳이 보려고 하지 말고 보이는 구간에서 사고력을 집중해 볼 필요가 있다는 것이다.

- 결론은 이동하는 기계가 리버스됐다는 것은 사고라는 것을 인지할 필요가 있다. 이 물체는 고정된 물체처럼 이동했다는 것이다. 이 물체는 사고가 맞다. 고정된 물체가 리버스될 때 과압일 경우 사고로 보면 된다. 사고가 맞다. 거시적 흐름을 순수하게 본다면 과압이 사고의 원인으로 본다.

20 어떻게 받아들일 것인가?

사고가 났다 치자. 그럼 당사자가 아닌 그 외 사람들이 그 사고 난 사람의 마음을 알 수 있을까? 결론은 '모른다'라고 말하고 싶다. 왜냐? 비슷한 경험적 사고로 가늠은 할 수 있으나 사람의 마음은 그 속을 모르기 때문에 알려고 해서도 안 되고, 그렇다고 비난하는 것은 천부당만부당하다.

그럼 기계는 어떠한가? 기계가 사람보다 나은 점이 있다면 그건 일관성 있는 시뮬레이션이 가능하다는 장점에 있다.
기계는 말이 없다. 오직 인간의 프로그램을 수행할 뿐이다.
그때 당시 기계의 상태를 아는 것은 오직 시뮬레이션으로만 가능하다.

기계의 마음을 알고 싶다는 것은 문제 해결을 하고 싶다는 것이다. 결론은 간단하게 정해졌다. 사고 직전의 기계를 만드는 것이다. 아니, '사고가 가능한 기계'를 만드는 것이다. 예를 들면 S.B.EB, 무한 반복 가능한 기계 말이다.
인간이 인정하든 안 하든….

21 선장의 스킬은 뭘까?

- 스킬: 숨겨진 기술, 그들만의 기술

※ 사고 15분 전쯤
- 조타실에서 무언가 조작했을 가능성이 있다.
- 선장이 있든 없든
- 세월호는 병풍도 기점 우회전으로 달려가고 있었다.
- 우회전하고 있었던 근거는 정부 항적도보다 해군 항적도를 보면 더 임팩트 있게 나온다.
- 해군 항적도만의 장점이 있다.
- 비중을 생각한다면 의미를 안 둬도 된다.

※ 사고 5초 전
- 결론적으로 우측 평형수가 비었을 것이다.
- 방향성을 제시하는 우측 평형수가 왜 비었는지에 대해서는 현재 대한민국에서 아무도 의심을 가지는 이가 없는 듯 보인다.
- 비어 있는 평형수는 고의든 과실이든 인간에 의해 비었을 가능성이 크다.
- 일반적으로 과적을 위해서라고만 생각하고 있는 듯하다.
- 사고를 설명하기 위해 보이지 않는 스킬을 찾아야 한다.
- 고의의 가능성이 있다면 그건 우회전으로 달려가기 위해서다.
- 검증은 시뮬레이션으로 가능하다.

※ 다른 예
- 오토바이를 타고 우회전할 때 사람에 무게 중심을 두 가지 둘 수 있다.
    1) 우회전 시 오토바이 바디와 사람이 우측으로 기울기를 줘서 가는 방법
    2) 우회전 시 오토바이 바디는 우측으로 기울이고 사람은 좌측으로 기울기를 줘서 가는 방법

※ 선장의 숨어 있는 스킬
- 20~30년 경력의 선장이라면 스킬을 알고 있었을 것이다.
- 평형수를 빼서 운전하고 다녔을 가능성이 있다.
- 밸런스 압력은 스피드 압력에 비례한다는 것도 알고 있었을 것이다.

- 그러나 EB가 올 줄은 상상도 못 했을 것이다.

22 기계를 아는 사람이라면…

- 기계를 만져 봤다거나, 만들 줄 아는 사람이라면….
- 진정 Engine을 봤어야 했다.
- 기계의 바디에 가장 강력하게 영향을 주는 요소는 엔진 빼고 무엇이 있을까 고민스럽다.
- 물론 외력으로 강한 조류는 빼고….

- 물체적인 외력이나 타를 돌리지 않고 능력껏 엎어 봐라.

- 엔진이 있는데 엔진 브레이크가 없다? 지나가는 개가 웃을 일이다.

23 엔진 브레이크란?

※ 엔진 브레이크에는 '잠재성'이 있다.
- 평소 의식하지 않으면 알 수가 없다.
- 누가 어쨌더라 하니 의식하는 거다.
- 엔진 브레이크란 순수하게 보면 속도를 줄이기 위함이다.
- 엔진 브레이크란 기어 변속이란 의미가 있지만 순수하게 보면 동력을 끊고 다시 동력을 이어 주는 것이라 하겠다.

※ 스틱창

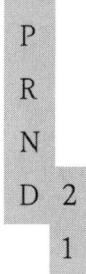

- 이렇게 생겼다.
- 눈을 씻고 봐도 엔진 브레이크란 항목은 없다.
- 보이지는 않지만 있다는 건 안다. '잠재성'이 있다는 것이다.

- 하지만 전부는 아니더라도 누군가는 엔진 브레이크가 있다는 걸 알 거다.
- 배는 분명 자동차와는 다르다. 비중만 다르다는 이야기다.
- 엔진이 있다면 엔진 브레이크도 있다.

24 엔진과 바디가 별개로 움직인 상황

- 일반적으로 엔진과 바디는 붙어 있다. 고정되어 있다.
- 그러나 이동 중인 기계에서 엔진은 다른 역할을 할 수 있다.
- 바디와 별개로 움직일 수 있다.
- 바디는 앞으로 가는데 엔진은 뒤로 가라고 할 수 있고 또 천천히 가라고 할 수 있다.
- 바디는 빨리 가는데 엔진이 천천히 가려 한다면 바디의 속도가 줄까? 어쩔까?

- 세월호에 중력이 왔다.
- 갑작스런 정지하려는 힘이 왔다. 생겼다.
- 중력이 얼마만큼 왔을까?
- 9천에서 만 톤 가까이 그 총 무게만큼 왔다.
- 물론 배가 가는 도중에 말이다.
- 바디와 별개인 엔진이 동작했다면 어찌 될까?
- 중력이 온 배를 엔진만으로 정상적으로 운행했을까?
- 배는 안 가려고 하는데 엔진만 가려고 하는 상황이 왔다면….

- 나는 이런 상황을 Engine Brake라 부르고 싶다.
- 엔진 브레이크가 왔다는 것은 중력이 온 상태에서 더 정지하려 했다는 것이다.
- 어떻게 배가 앞으로 쏠리게 해서라도, 엔진과 붙어 있는 바디를 변형시켜서라도
- 바디와 상관없이 엔진만 놀든 말든

- 중요한 것은 EB가 강한 조류 없이 가능할까 하는 것이다.

25 받는 압력을 생각해야 한다

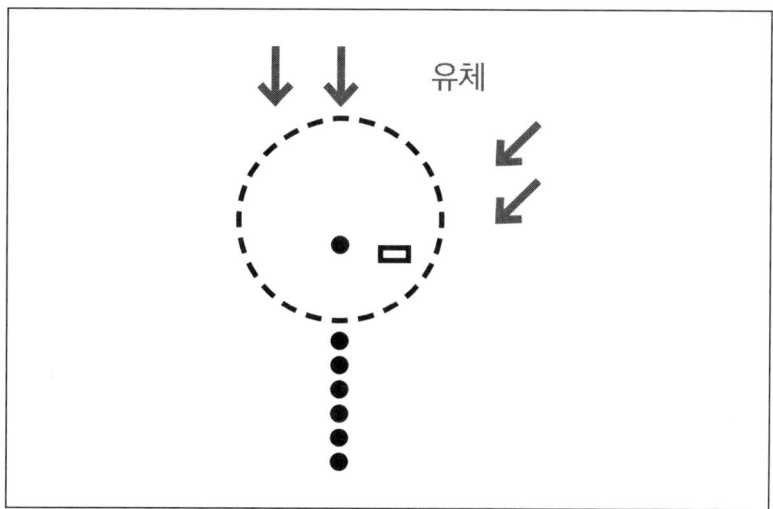

※ 사고 직전
- 일반적으로 사람들은 사고 직전 조류는 그리 세지 않았다고 생각한다.
- 그건 나도 인정하는 바다.
- 그러나 세월호가 사고 당시 조류에 의해 받았던 압력은 어마어마할 수 있다는 것이다.
- 얼마만큼? 그 정지하려는 힘만큼, 그 무게만큼 말이다.

※ 쉽게 설명을 하기 위해 자동차에서의 예시를 들어 보자.
  1) 고속도로에서 30km로 달리는 자동차에 정면으로 30km로 공을 던졌다고 가정
  2) 180km로 달리는 자동차에 정면으로 30km로 공을 던졌다고 가정
   - 여기서의 충격파는 속도에 비례한다는 것이다.
   - 어느 물체와 물체가 충돌했다 가정하자. 한 물체는 꾸준한 속도로 충돌하고 어느 한 물체는 달려오다가 갑자기 정지하려 했다면, 정지하려 한 물체는 상당한 데미지를 입을 수 있다는 것이다.
   - 정지하려는 만큼 비례하여 데미지를 받는다.
   - 순수하게 봤을 때 정지하려는 것에 비례해서 충격을 주거나 밀어 올릴 수 있다고 생각한다.

- 거시적으로 봤을 때 바다는 무한 압력이다.
- 아무튼 바다를 숫자로만 생각하여 사고 원인을 간과하면 안 된다.
- 휩쓸린 사고였다는 표현에 무리가 없다고 본다.

26 사고의 원인: 속도

- 강한 조류와 같은 물체적 외력이 아니고, 타를 돌리지 않고 사고가 났다는 것은 배의 속도가 높았다는 것이다.
- 비중이 큰 사고에는 강력한 에너지가 필요한데 그건 엔진에서 나오는 속도라 생각된다.
- 강한 조류가 흐르는 와중에 17.5노트를 내려면 아마 최대 속력일 거라 본다.

- 차이점(Difference)이 존재할 것이다.
- 사고가 났다는 것은 분명 이전과 다른 속도를 냈다는 것이다.
- 이전에도 무사히 다녔고, 그럼에도 하필 병풍도 앞에서 사고가 난 것은 사고의 원인이 속도가 이전보다 훨씬 높았다는 차이점이 존재할 것이다.

※ 그리고 EN(Engine Neutrality)은 분명 왔다.
  - 첫째, 엔진 중립이 왔다. 프로펠러에 동력 전달이 안 되는 상태였을 것이다.
  - 사고 직전 갑자기 안개가 보일 경우 엔진 중립으로 배에 정지하려는 힘을 가져왔을 수 있다.
  - 여기까지는 조타실에서 알 수 있을 거라 믿는다.

- 둘째, 정전이 있었을 수도 있다.
- 기타도 있다. 엔진의 일시적 다운 등등
- 랜덤성이 있기 때문에 그런가 보다 하고 그냥 넘겨야 한다.
- 관전자나 문제를 해결하는 입장에서 중요한 포인트는 속도가 줄었다는 것이다. 여기에 집중할 필요가 있다. 왜 속도가 줄었는지 생각하는 것이 문제 해결의 첫 단추를 끼우는 것이라고 보면 된다.

- 전에도 EB(Engine Brake)는 살짝 왔었을 것이다.
- 그러나 속도가 높지는 않았을 것이다.
- 사고로 이어지려면 기본 압력인 속도가 높아야 한다.

- EB에 의한 사고는 나도 몰랐었고 아무도 몰랐을 것이다.
- 조타실은 아마 혼란에 빠졌을 것이다.

- 오직 시뮬레이션으로만 모두가 확인 가능할 것으로 본다.
- 굉장히 특수한 사고다. 문제는 앞으로도 이런 사고가 안 일어날 거라는 것에 있다.

- 아쉬움이 있다면, 속도가 5노트 정도만 낮았더라면 EB는 안 왔을 거라는 점이다. 왔더라도 사고로까지는 이어지지 않을 가능성이 있지 않나 싶다.

27 사고의 원인: 평형수

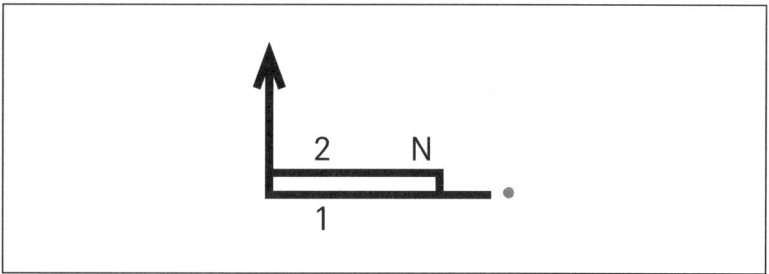

그림은 무게 중심이 사고 전 변화를 상상해 본 것이다.

왜냐하면 사고 전 CCTV 화면을 보면 분명히 왼쪽으로 기울어져 가고 있기에 순수성이 있다고 볼 수 있다.

1) 정중앙에서 왼쪽으로 갔다.
2) 왼쪽으로 가다가 살짝 올라가서 다시 왼쪽으로 갔다. N 구간으로 추정된다.

여기서 주목해야 할 이유는 어떻게 하면 변화를 줄 수 있는가?이다. 물체와 유체를 생각해 보면 과연 이동 중인 배를 왼쪽으로 기울인다? 아무리 무한한 상상을 해 봐도 물체로는 불가능하다는 생각이 든다.

답은 정해진 것 같다. 유체면 가능하고 부드럽게 할 수 있지 않나 싶다. 문제 해결은 부드럽게 하는 게 최상이라 본다. 그러나 다른 예로 비행기는 웨이트 장치가 있는 걸로 안다. 배와 다른 점이라 생각되고, 배는 왼쪽으로 기울이기 위해 웨이트 장치가 없는 걸로 안다. 기울일 이유도 없고….
내가 이상하게 느낀 점은 거시적 관점으로 볼 때 배가 왼쪽으로 기울어져 가고 있었는데 왜 배는 전체적으로 보면 오른쪽으로 가고 있었을까 하는 데 있다. 이걸 풀어야 한다. 중요한 사항이다.

- 무게 중심의 변화를 못 시키면 배는 절대로 엎을 수가 없다. 압력의 변화를 이해하잔 말이다.
- 내가 이런 상상을 하는 이유는 기본에 충실하기 위함이다.

28 사고의 원인: 엔진 브레이크

※ 문제를 해결하는 방법
  1) 압력을 세팅해 본다.
  2) 공식을 만들어 본다.
  3) 그때 당시의 기계를 만들어 본다.
  4) E/P를 넣어 준다.

※ 기계의 구분
  - 기계를 정의하기에 앞서 두 개 이상으로 구분할 필요가 있다.
  - 고정성을 가진 기계
    - 선풍기
    - 전자레인지
    - 텔레비전
    - 냉장고
    - KTX(혼합성이 있음)
    - 전기
    - 미싱기 등등
    - 대부분 에너지를 전기로 사용하고 있음
    - 기어박스로 컨트롤 박스가 있음
  - 이동성을 가진 기계
    - 비행기

- 자동차
- 배
- 경운기
- 은하철도 999
- 포클레인(혼합성이 있음)
- 오토바이 등등
- 대부분 에너지원이 대부분 유류
- 기어박스가 99.9% 있음
- 이동성과 고정성이 있는 기계의 구분점은 리버스가 되느냐 안 되느냐.

※ 기계의 정의
- 이동성을 가진 기계와 고정성을 가진 기계를 한마디로 정의한다면 E → P다.
- 옛날 미싱기는 엄밀히 보면 P → P이므로 도구다.

※ 문제 인지 1
- 사고 전
  - 아주 멀쩡한 기계
  - 기계의 형태는 제외
- 사고 후
  - 증거가 없는 사고(일반적으로)
  - 전기적 사고(일관성과 랜덤성이 공존)
  - 기계적 사고
  - 특수한 사고(관련 전문가들이 못 풀고 있음)

※ 문제 인지 2

- 안드로메다에서 지구를 봤을 때 → · 표현
- 달에서 지구를 가까이 봤을 때 → ○ 표현
- 조금 더 가까이서 우리나라를 봤을 때 → () 표현
- 여기서 세월호 항적도를 그려 봐라. → |()
- 항적도만 뒤집어서 끝만 봐라. → |
- 조금 더 가까이서 봤을 때 → ㅓ
- 조금 더 가까이서 봤을 때 → -P (마지막 단계)
- 여기서 내가 말하고자 하는 바는, 마지막 단계를 보다 한 단계 거시적으로 높여 문제 인지를 이해하고 싶다는 것이다.
- 마지막 전 단계 → 'ㅓ'
- 거시적으로 봤을 때 세월호는 사고가 어찌 났든 '갔다가 왔다'.

29 Re에 대한 불편한 진실

※ 범주성을 갖는다.
- 어느 한 부분만을 생각하지 말고 전체적으로 보면 포괄적인 면이 있다.
- Replay, Reverse, Retest

※ 방향성을 갖는다.
- 어느 방향을 정확히 가리킨다.
- Return, Retract

※ 강조성을 갖는다.
- 그 어떤 사안에 대해 다시 한번 강조한다.
- Responsible, Recollect

- 조건만 맞으면 EB는 오고 Reverse된다.

- EB를 폭넓게 다른 시각으로 본다면 '다시 간다'라는 의미가 있다.

30 선회율

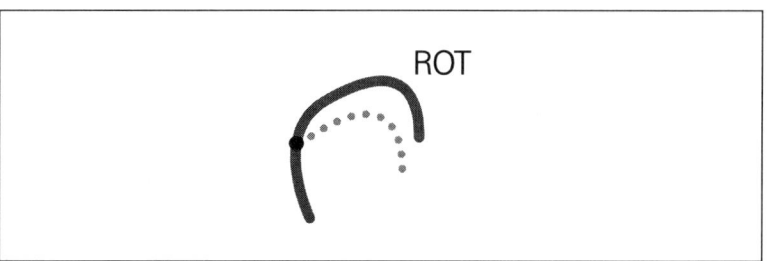

보통의 경우 상식적으로 사고의 어느 부분을 봐야 할까? 하는 것이다. 물론 여러 가지 볼 수도 있다. 순수성을 찾아보잔 이야기다.
1) 사고 전 속도가 준 이유? 물론 사고 후 속도는 급격히 감속됐다.
2) 사고 전 배가 왼쪽으로 기운 이유?
3) 사고는 과연 어느 시점에서 났을까?(사고 항적 해석 시 '나 여기서 사고 났다.' 라는 문구는 없다는 것이다. 인간의 따라 해석이나 인지가 달라질 수 있다는 것이다.) 등등 생각해볼 수 있지만 가장 중요한건 결과를 봐야 하는 사람들이 문제 인지를 충분히 가져올 수 있는 관전 포인트는 뭐냐는 것이다.

그건 바로 '선회율'이다. 사고가 어떻게 났는지는 차후 문제고 사고 항적을 얼마만큼 맞추어 줄 수 있느냐. 사고항적대비 시뮬레이션 항적의 결과가 80% 이상 나와야 한다는 것이다. 왜 80% 이상이냐면 사고 항적과 거의 비슷하게 나와야 한다는 것이다. 80%는 사람마다 이해도가 다를 수 있다. 80%의 의미는 거의 '비슷하다'라는 의미로 받아들여야 한다. 물론 %가 높으면 높을수록 좋다 85%든 95%든 99%든 말이다. 100%는 현장 생각으로는 의미를 안 둔다. 거의 비슷하게만 시뮬레이션으로 사고 항적을 구현해주기만 하면 된다고 본다.

이러면 누구라도 인정치 않을 수 없을 것이다. 누구라도 그 어느 누구라도 말이다.

31 처음이 어려운 거지…

- 한번 성공하면 자신감이 붙고 의지가 생기고 자극이 될 거다.
- 무슨 일이든 안 해 보면 불안하고 과연 가능한가 하는 의심을 품게 된다.
- 하려고 하는 의지가 중요하다.

- 자극을 받으면 그 다음부터는 탄탄대로일 것이다.
- 더 이상 말 안 해도 될 거다.

- 그러나 EB가 올지 안 올지는 무조건 해 봐야 한다.
- 안 되더라도 해 봐서 나쁠 게 없지 않은가.

- EB는 있다.
- 그 이유는 엔진이라는 공통분모가 있기 때문이다.
- 그 어떤 엔진이라도 하는 역할은 같기 때문이다.

- 엔진이 있다면 EB는 반드시 있다.

주안점

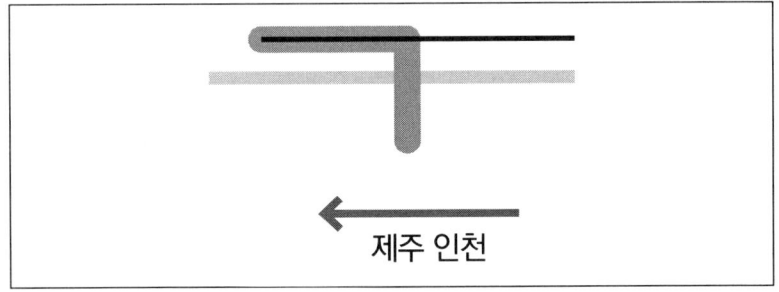

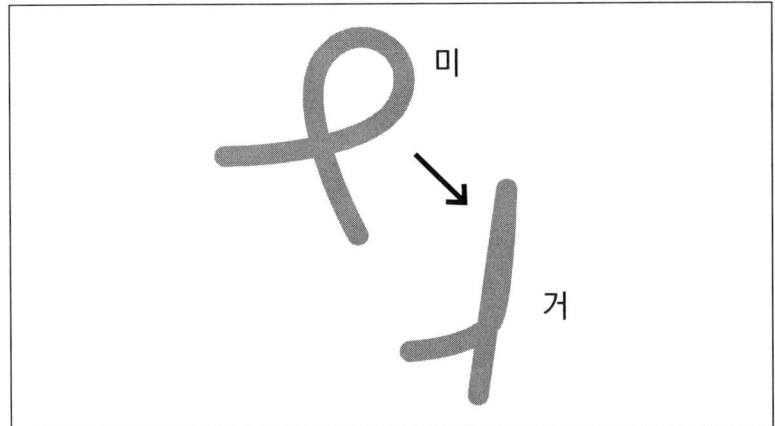

- 상식적 접근이 필요하다.
- 공식적으로 공개된 정보에서
- 아는 범위 내에서 다가서는 것이 좋다.

- 가는 것
- 좌초
- 급회전하는 것
- 이게 중요한가?
- 갔다가 오는 것… 이게 중요하다.
- 마지막 과정이 중요하다.
- 문제를 푸는 입장에서는 쉽고 편하게 풀어야 한다.
- 문제를 해결하는 입장에서는

- 핵심은 오는 거다.
- 주안점은 되돌아온 거다.
- 이동하는 기계가 왔다? 이건 사고다.
- 평범한 것 같지만 사고가 맞다.
- 세월호는 고정된 기계처럼 행동했다.
- 오게끔 하는 장치나 부속이 있는가?
- 그렇지는 않다.
- 인간은 그렇게 만들지 않았다.
- 외력으로 강한 조류를 넣은 이유다.
- 끝까지 해석할 수 있어야 한다.
- 그래서 조건만 만들어 준다면 가능하다.
- 그게 EB다.

- 왜냐면 이동하는 기계는 리버스나 리트렉트될 수 없기 때문이다.
- EB는 엔진의 효율성과 거시적 시각으로 생각해 낸 결과물이다.

33   찝었다, 물었다, 과압이 걸렸다

- 찝었다.
- 찝었다는 말은 엔진에서 나오는 동력이 배의 바디를 정지시킬 목적으로 왕왕왕 소리를 내며 물었다 할 수 있다.

- 그럼 EB로 인한 공식적 손상이 배의 어디에 있을까?
- 내부에서 엔진부터 프로펠러 사이 동력 전달 장치와 배의 바디 사이라고 할 수 있다. 커다란 축을 포함하여 커버, 브라켓, 베어링, 볼트, 너트 등이 있을 수 있다.

- 일반적으로 고정된 기계는 과압이 걸리면 리버스 된다.
- 이동성을 가진 기계도 사고 이후 혹은 침몰 지점까지 외력으로 강한 조류를 넣어 주면 리버스 된다. (여기까지 해석해야 완벽한 분석이라 할 수 있다).
- 침몰 지점까지 온 상태를 하나의 사고로 봐야 한다.

- 엔진 브레이크는 영어고, 나는 '찝었다'라고 표현을 하고 싶다. 강력하게는 '물었다', 혹은 최적으로 '걸렸다'는 아닐지 모르겠다.

34 EB로 인한 손상 부위 가능도

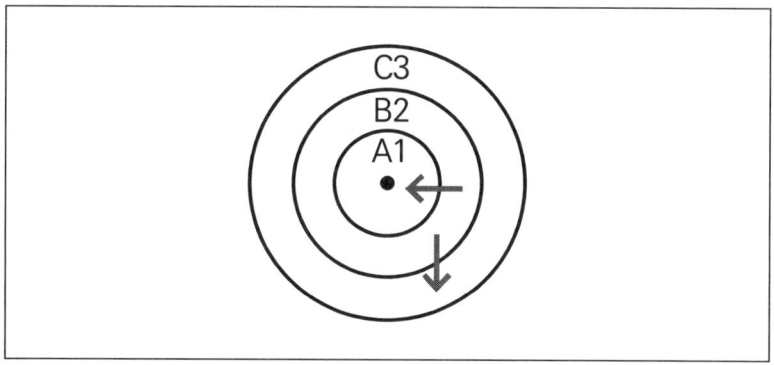

※ A1: 동력 전달 장치
- 외곽에서 내부 쪽으로 손상 가능성 있음

※ B2: 공차
- 손상도 발생 원점

※ C3: 배의 바디, 브라켓
- 내부에서 외곽 쪽으로 손상 가능성 있음

※ 기타
- 가까운 볼트, 너트 등등

35 문제 해결의 조건

- 사고를 설명하기 위해서는 조건이 필요하다.

※ 다 일치시켜 줘야 한다.
  - 과거
  - 현재
  - 미래
  - 시뮬레이션 이론

- 세월호 사고는 과거라는 걸 잊으면 안 된다.

- 진실은 하나다. 다른 데 아무리 파 봐라.
- 단언한다. EB와 유체가 원인이라고 말하고 싶다.

36 문제 인지는 본인 책임이다

- 나는 사실 문제 인지가 늦은 편이다.
- 의견도 늦었고.
- 평범한 사람이라 그런지 모르겠다.

- 문제 인지에 따라 결과치는 천차만별이다.

※ 내가 생각한 문제 인지는 타를 돌리거나 들이받지 않고 사고가 난 것이라 본다. 그럼 그걸 어떻게 엎지? 라고 생각할 수도 있다. 그래서 능력껏 엎어보란 말이다. 내가 이런 말을 하는 이유는 진실은 하나이기 때문이다.

- EB와 유체만큼은 책임지고 싶다.

37 급회전에는 두 가지 방법이 있다

※ 작은 배
- 큰 파도에 부딪히면 작은 배는 급회전한다.
- 난 타 봤다.
- 배가 산으로 가는 기분이다.
- 우리나라에서 급회전 사고가 작은 배에서는 많았을 것이다.
- 잘 드러나지 않는 이유는 쪽팔려서일 거다.

※ 큰 배
- EB가 걸리면 급회전한다.
- 단 역조류에서 사고 이후에 말이다.

38 시소 놀이와 선수각 틀기

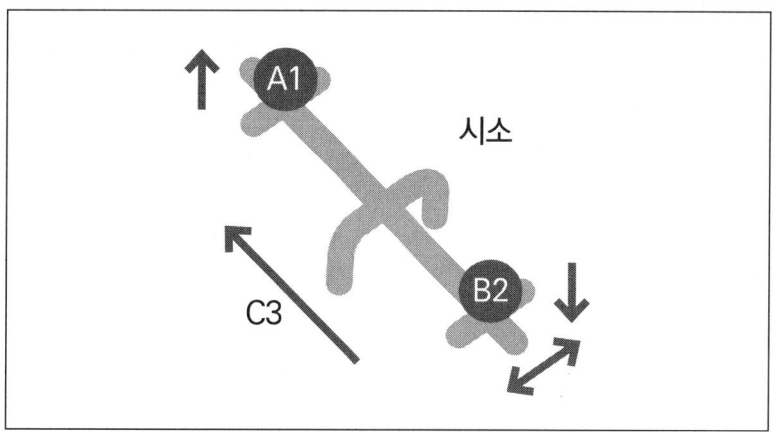

※ 시소 놀이
- 어렸을 때 타고 놀던 시소다.

※ A1: 세월호에 타고 있던 사람들
- 어렸을 적 나, 승객
- 오토바이를 탄다. (세월호에서 인간 기준으로 좌로 10도면 좌우 합쳐서 20도 기울기일 수 있다. 그러나 인간은 비중 때문에 못 느꼈을 것이다.)

※ B2: 나쁜 친구, 세월호 선원들
- A1을 괴롭히는 사람

- 방법은 아래로 쿵쿵 찍거나 좌우로 흔들면 된다.

※ C3: 미사일이 날아가는 방향
- B2 뒤에 엔진을 달면 미사일이 된다.
- 방향은 나쁜 친구 기준으로 12시 정각이다.

- 배는 선수가 중요하다.
- 어디로 갈지 방향을 결정한다.

※ 사고 전 세월호
- 우측 평형수를 빼서 왼쪽으로 옮기면 배의 선수각이 왼쪽으로 틀어지는데 과연 배는 왼쪽으로 갈까? 오른쪽으로 갈까?
- EB는 몰랐겠지만···.

39 작금의 문제의식

※ 작금의 상황
- 각종 가설이 난무한다.
- 전문가가 못 풀었다는 데 집중할 필요가 있다.
- 모든 가능성을 염두에 두고 풀려는 의지가 없다.
- 너무 잰다. 단순성이 없다.
- 정책의 일관성이 없다.
- 나 아니면 안 된다는 의식이 전무하다.
- 시간이 짧다.

- 이제 풀 때도 되지 않겠는가? 시간이 됐다고 본다.
- 왜 솔직하지 못할까? 인정하기가 그리 어려운가?
- 결과는 간단하고 상식 안에 다 있다.

40 세월호: 관심 먼저 가져와야 한다

- 왜 아무도 책임지려 하지 않는가?
- 이대로 수수방관하자는 이야기인가?

- 누구의 잘못인지 아는가?
- 관심 없단 말이다….

- 결론은 관심이다.
- 책임감을 느껴야 할 사람들의 책임 회피와 능력 부족만을 원인으로 둘 게 아니라 다양성 있는 검토가 필요하지 않은가?

41 사고의 원인: 공통분모

※ 모든 사고에는 공통분모가 있다.
- 사전 점검의 부실
- 간과
- 기본에 충실하지 못한 점
- 과압

- 사고의 원인에 집중하는 게 아니라 기본에 충실하지 않았는가를 봐야 한다.
- 여기서 기본은 속도와 평형수다.
- EB 솔직히 몰라도 된다.

42 나만의 상상

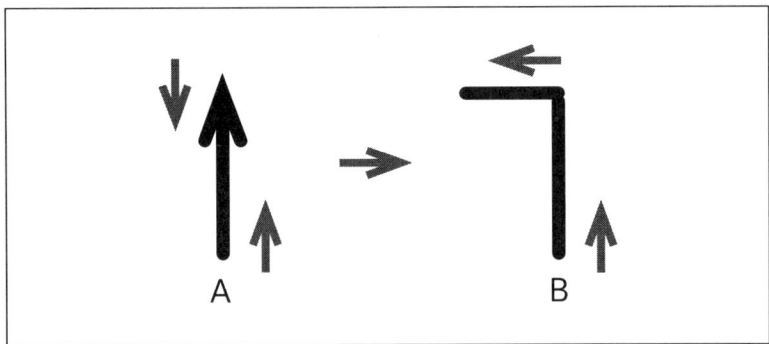

※ 그림 A는 사고 전 상황이다. 나의 작은 바람이기도 하고 사고가 안 났으면 하는 상상이다. 무게 중심이 이동 중 급격히 올라간다고 다 사고로 이어지지는 않는다는 것이다.

※ 그림 B는 사고 후 상황으로 보면 된다. 다른 시각으로 본다면 그림 B는 "ㄱ" 모양으로 움직였고 그렇다면 어딘가에는 이런 "signature"는 있지 않을까 하는 생각이 든다.

인간이 낼 수 없는 그런 기억 모양의 자국이 있었을 수도 있다는 것이다. 인간이 다니거나 물체를 놓은 바닥 어딘가에는 말이다.
이런 상상은 나만이 하는 것일까? 나만이 할 수 있는 것일까?

43 곡선의 힘

※ 언덕을 오를 때
- 지그재그로 가면 수월하다.
- 리어커로 왔다 갔다 하면서 올라가도 쉽다.
- 트럭이 S자로 가면 쉽다.
- 메이저 리그에서 유격수가 1루수에게 공을 던질 때 곡선으로 던지면 공이 더 빨리 도착한다.
- 스케이트를 탈 때도 마찬가지로 빠르게 간다.
- 뱀도 지렁이도 S자로 간다.
- 물건도 지그재그로 쌓으면 안정적으로 올릴 수 있다.
- 자동차 경주에서도 왔다 갔다 하며 간다.
- 옛날 성도, 현재 벽돌도 왔다 갔다 해서 쌓는다.

※ 세월호
- 분명 사고 직전 곡선으로 가고 있었다. (이렇게 말이다.
- 마음이 급했던 것 같아 보인다.
- 시간 단축을 하고 싶어 했던 것 같다.

※ 첫 번째 결론: 누군지는 모르지만 고도의 압력 전문가가 타고 있었던 것 같다.
- 혹시나 행여 "이게 바로 아트야, 아트"라고 말했을지도 모르겠다.

※ 두 번째 결론: 그런다고 배를 엎을 수 있는 건 아니다. 참 믿기 힘들다.
- 물론 EB는 생각할 수도 없었겠지만 말이다.
- 유체는 더더욱 믿기 힘들 것이다.

44 평형수를 빼서 운전하는 방법

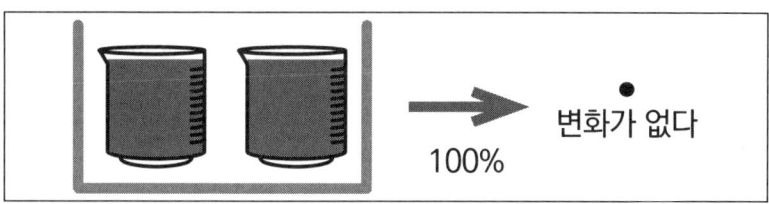

위 그림은 4번 평형수 탱크다. 왜 4번 평형수냐 하면 그건 무게중심 아래에 있기 때문이다. VH와 HB 맞추기 위함이다. 꽉 차있는 탱크에는 압력의 변화가 없다.

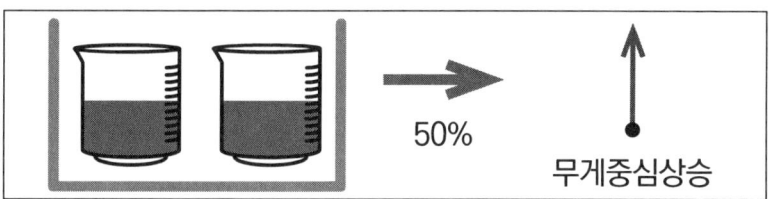

위 그림은 4번 평형수 탱크다. 좌우 50%대 50% 맞추면 무게 중심을 올릴 수 있다. 60%나 60%로 맞추어도 상관은 없을 것이다. 어느 정도의 흐름은 추가 시뮬레이션으로 가늠하면 되겠다고 생각 된다. 시뮬레이션상 평형수를 덜 뺄 수는 있다. 여기서 중요한건 무게중심을 올리는데 있다. 배를 곁에서 전체적으로 볼 때 옆이나 위 어디서 보더라도 VB와 HB 압력의 변화를 알 수는 없을 것이라는 것이다. 나의 생각과 시뮬레이션상의 수치가 실제 상황에서는 조금 차이는 날 수 있다고 본다.

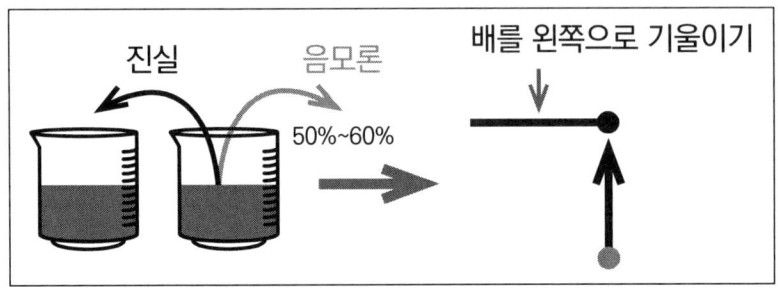

위 그림은 4번 평형수 탱크다. 우측 평형수를 바다로 빼서 버린다면 배를 왼쪽으로 거의 기울일 수가 없다. 꽉 차있는 탱크에서 우측 평형수를 뺀다 한들 역시 배를 기울이기는 힘들 것으로 본다. 한번 뺐던 평형수를 또 빼지 못할까 하는 생각이 든다. 우측 평형수를 좌측으로 이동시켜 배를 기울일 수 있다고 본다(가중 압력). CCTV 구간이라 봐도 된다. 현장 생각은 이것을 스킬이라 본다. 여기에서 이상한 점은 두 가지로 요약해볼 수 있다. 첫째 배를 왼쪽으로 기울이는 방법은? 둘째 배는 왼쪽으로 기울어져 가고 있었는데 거시적으로 보면 어떻게 배가 오른쪽으로 가고 있었는지?

중요한 사항이고 이상함을 느껴야 하고 풀어야 한다는 것이다. 뭔가 이상하다는 이런 느낌을 받아야 한다는 것이다. 순수함이 필요한 사항이고 문제가 있다면 풀어야 한다는 깨달음의 필요성이 제기된다. 음모론이란 문제 제기는 되지만 불가능한 것이고 진실은 아마도 되는 것을 증명하는 것이 아닐까 생각한다.

물체로 이동하는 9천 톤 혹은 만 톤에 육박하는 배의 밸런스를 깨기란 하늘에 별 따기보다 어려울 것으로 본다.

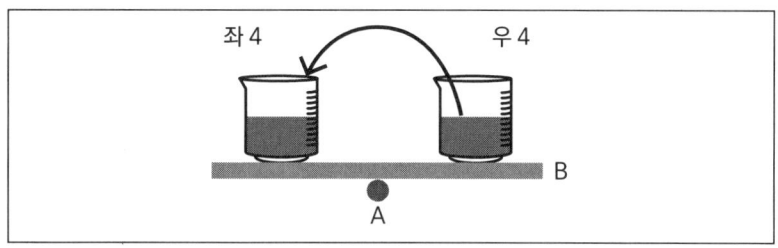

위 그림은 4번 평형수 탱크다.

A는 지구

B는 세월호

지구 위에 있는 세월호를 역으로 크게 그린 이유는 좌측으로 어떻게 하면 기울일 수 있는가를 상상하기 위함이다.

문제 인지 능력을 강화하기 위해 그림을 새롭게 그려봤다.

지구 위에 있는 세월호 각각 좌. 우에 물탱크가 있다.

CCTV 구간(배가 왼쪽으로 기울어져 가고 있었음)에 순수성이 있어 상상력을 극대화하여 배가 기운 이유를 풀기 위해서다. 좌4에 보면 물이 50%만 차 있고 50%는 비어 있다. 비어있는 50%에 집중해보면 우4에 있는 평형수를 이동하여 가중 압력을 발생시킬 수 있다는 것이다. 문제를 해결하는 입장에서는 좌4의 비어 있는 50%를 심각하게 생각해 볼 필요가 있다는 것이다.

이러면 CCTV 구간을 맞춰 줄 수 있고 무게 중심을 좌측으로 이동시킬 수 있다. 디테일한 설명이 필요한 부분이고 중요한 곳이라 다시 한 번 강조를 한 것이다.

이로써 명제나 의미를 둘 수 있는 부분이라 하겠다. 나의 생각에 선원들은 배의 안정성은 확신했었던 것 같다. 전문가가 보기에 복원성은 확신하지 않을까 생각된다.

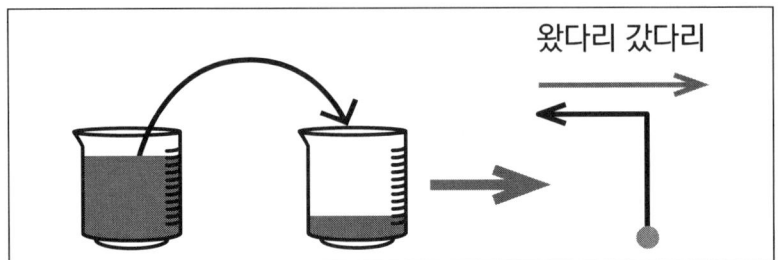

다시 좌측 평형수를 우측으로 빼면 무게 중심은 정중앙으로 왔다가 우측으로 이동한다. 다른 말로 무게 중심 아래에서 운동 에너지를 발생할 수 있다는 말이다. 그럼 이동하는 물체는 더 빨리 갈 수 있다는 것이다. 배 안에 있던 인간은 아마 느끼기 힘들 것이다. 왜냐하면 인간은 배에 비해 비중이 너무 작기 때문이다.

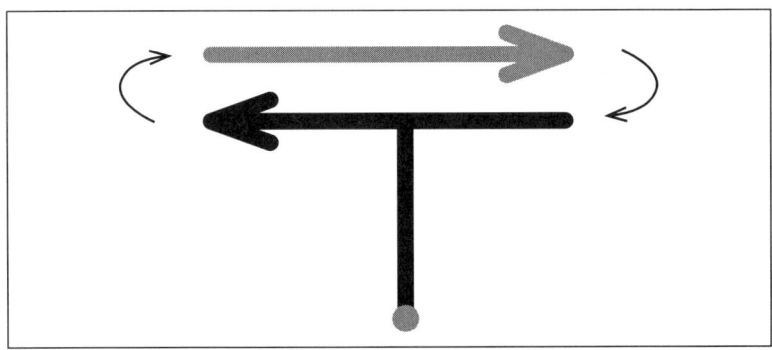

위 그림은 선원들의 계획도라고 보면 된다. 무게 중심을 좌우로 왔다 갔다 하면서 말이다. 그렇게 가고 싶어 했고 또 그렇게 믿고 싶어 했다고 보면 된다. 왜 이렇게 하는지는 두 가지 이유가 있다. 첫째는 빨리 가고 싶어 했고, 둘째는 방향을 전환하고자 했다.

※ 평형수를 뺀 김에 다 빼보겠다.(꼭 그렇다는 이야기는 아니다. 솔직히 나도 몰라서 하는 이야기다. 시뮬레이션 해보잔 것이다. 예를 들어보고자 한다.)

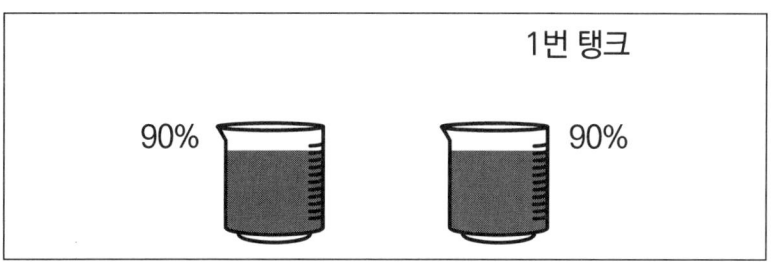

위 그림은 1번 평형수 탱크다. 예를 들은 것이다. 평형수를 빼는 이유는 두 가지다. 배의 선수에 실린 콘테이너나 배의 전체적인 밸런스를 맞추기 위해 1번 평형수를 뺀다. 90%대 90%든 80% 대 80%든 방식은 좌우 밸런스를 맞추어 뺀다. 이 부분 또한 많은 분들이 관심을 가지는 부분들이라 본다. 나의 생각은 관심만 가지지 말고 현실에서 시뮬레이션이나 가능한 이야기를 해야 되지 않나 생각된다. 말만 하지 말고 가능한 이야기를 하란 말이다.

어찌됐든 1번 평형수를 빼는 건 엄밀히 보면 하수라 보면 된다.(이렇게 이야기하는 이유는 거시적 흐름을 이해하자는 것이다)

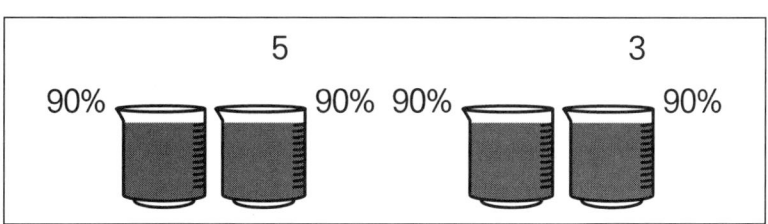

위 그림은 5번과 3번 평형수 탱크 빼는 방법이다. 평형수를 빼되 좌우 동일하게 뺀다는 건 변함이 없지만 5번과 3번 평형수를 빼려면 VB 개념으로 동시에 빼야 배의 밸런스를 맞출 수 있다는 것이다.

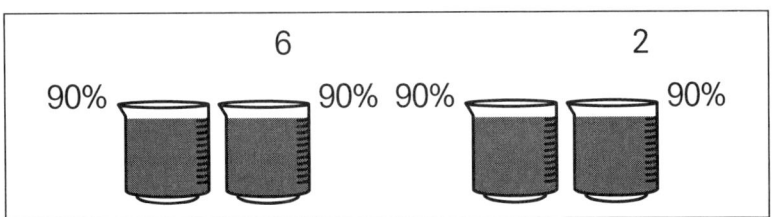

위 그림은 6번과 2번 평형수 탱크다. 빼는 방법은 5번과 3번 빼는 방법이 동일하다고 보면 된다. 보통은 좌우 밸런스를 맞춘다고 보면 되지만 VB를 생각해야 된다는 것이다.

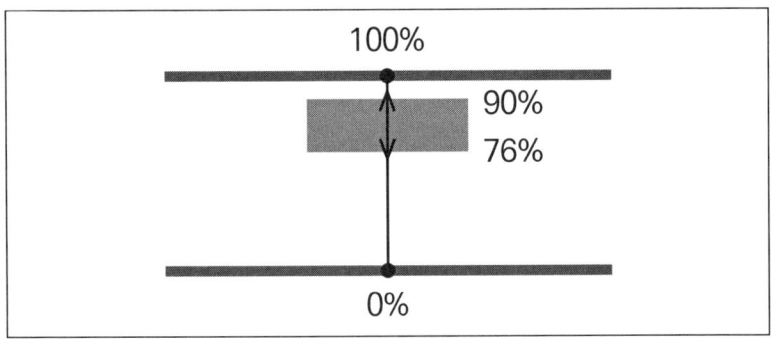

평형수의 전체 총량이다. 평형수 전체를 뺐다는 이야기가 아니라 일정 부분 빠졌을 거란 이야기다. 많은 분들이 평형수가 빠졌을 거라고 추정하고 말한다. 이런 이유는 그들이 관심은 있는데 못 풀어서 그러지 않나 싶다. 평형수를 뺐다고 이야기 하고 싶으면 몇 번을 어떻게 뺐고 그 이유를 설명해야 한다. 현재로선 4번 탱크만인지 아님 전체적으로 봤을 때 조금 더 뺐을 가능성은 모두 열어 둬야 한다는 것이다. 이것 역시 거시적인 관점에서 생각할 필요가 있다. 확인은 다양한 시뮬레이션으로 어느 정도 가늠할 수 있겠다 생각된다. 정확한 수치보단 어느 정도 흐름만 이해하면 된다.

평형수를 빼는 건 어찌 보면 공식을 완성했다 봐도 된다. 차후에 말이다. 진실이 밝혀지고 나면 나를 의심하지나 않을까 생각 된다.

그건 그렇다 치고, 어찌됐든 추가 시뮬레이션은 할 것이다. 누군가든지 아무나 말이다. 진실은 역시 헌무하다 라고 느끼는 날이 올 거라 믿어 의심치 않는다.

- 세월호 안에 있던 물(유체)은 인간이 강제로 빼지 않으면 절대 없어질 수 없다. (상식적으로 접근해 봤다.)
- 기본에 충실하고픈 상상이다. 이런다고 배를 엎을 수 있는 건 아니다. 문제 해결은 순수함과 압력의 변화도 이해해야 하지만 보이지 않는 부분을 상상하고 기획해야 되지 않나 생각이 든다.
- 결과가 간단하면 과정도 간단하다.

45　선례가 없는 사고

- 사실 선례가 있는지 없는지는 모르겠다. 하지만 선경험 현상은 있다.

- 당황할 거 없다.
- 있는 그대로 받아들이면 된다.
- 결과는 상식 안에 있기 때문에 놀랄 만한 일도 아니다.

- 급했던 게 문제다.
- 사고 전 속도를 전혀 줄이지 않은 게 문제다.
- 속도가 문제였다.

- 기본에 충실하지 못한 점, 역사에 남으리라.
- 기본은 속도와 평형수다.

46. EB로 인한 무게 중심 변화도

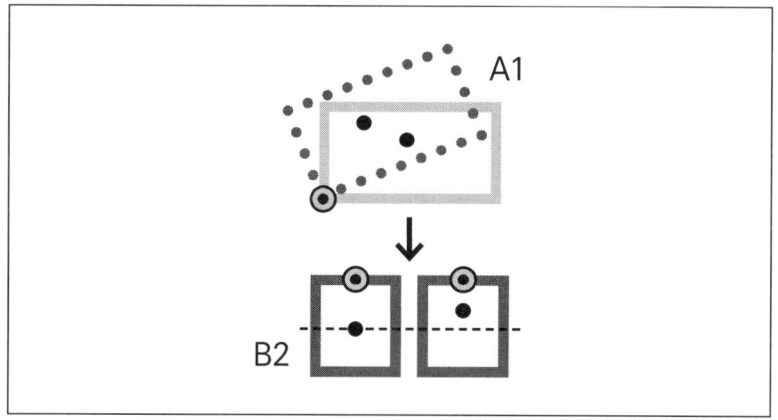

- 기준점은 선수각이다.

※ A1
- 측면도
- EB로 인한 무게 중심이 급격히 상승
- 최악의 경우 발생

※ B2
- 평면도
- EB로 인하여 무게 중심이 앞으로 이동

47 뭐가 그리 급했나?

- 뭐가 그리 급했나?
보통의 사고에서 급한 부분이 사고의 원인이 되는 것이 상당히 많다.

- 세월호에서는 EO→EN→EO로 이어지는 일련의 형태가 아주 짧은 시간에 이루어졌다는 게 문제로 보여진다. 의미를 생각해 보면 이렇게 움직이고 앞은 생각 안했다는 결론이 나올 수 있다.

※ 급격한 압력의 변화가 사고의 원인이다.

48 기계: S.B.E

※ 기계의 정의
- 한마디로 정의하면 전기 신호를 받아서 압력으로 바꾸는 것
- E/P, E → P

※ 기계의 구분
- 고정된 기계(고정성을 가짐)
- 이동하는 기계(이동성을 가짐)
- 공통점 → n이 있다.
- 구분 점 → 리버스

※ 기계의 세분화
- S
- B
- E

※ 사고의 조건
- S
- B
- EB
- 유체

49 Electrical Signal

※ 기계에 대한 생각
- 개인적으로 기계란 기계 + 전기로 이루어졌다고 생각한다.
- 기계 50, 전기 50 이렇게 본다.

- 사고 직전 사고가 나기 위해서는 조타실에 Electrical Signal을 줘야만 한다.
- 섬세하게 말하면 기어박스로의 전기 신호일 게다.
- 이유 없는 사고는 있을 수 없다.

- EN에서 EO로 가기 위해서는 반드시 전기 신호가 필요하다.
- 전기 신호 없이 사고는 생길 리 만무하다.
- 멀쩡히 가던 배가 아무 이유 없이 사고가 날 수는 없다.

- 현재 EB를 아무도 안 믿어 마음이 무거울 뿐이다.

50 세월호: 최악의 경우가 온 사고였다

※ 최악의 경우의 수는
- 충돌
- 폭발
- 기후 변화
- 화재
- 물
- 먼지
- 이 중에 하나는 있다. 그러나 세월호는 최악의 경우가 이것만으로는 부족하다.

※ 기계에 최악의 압력을 주는 법
- S: 어찌 됐든 엎기 위해서 속도를 높일 필요가 있다. 강력한 압력(에너지)이 필요하다.
- B: 밸런스를 깨야 한다. 이 또한 압력이다.
- E: 엔진의 최대치 압력을 생각해 내야 한다. 엔진을 죽이는 것보다 더 큰 압력이 필요하다.
- 과압(Overpressure)이다. 고정된 기계에 과압이 걸릴 경우 리버스된다.

- 세월호에서는 EO, EN, EB, EK가 다 왔다.

- 엔진이 할 수 있는 가장 짧은 시간 안에….
- 전체적으로 보면 최악의 경우가 온 이유다.
- 딱 집어 보라면 그게 바로 EB다. 또한 유체다.

51 세월호:
어떻게 접근해 가야 할까?

- 세월호 = 배 = 기계
- 세월호는 기계다.

- 기계의 사고라면 못 풀 이유가 없다.
- 못 푸는 이유는 딱 한 가지다.
- 관심이 없어서일 것이다.
- 결과는 상식 안에 있기 때문에 누구나 풀 수 있다.

- 특수한 사고이지만 단순하게 아이디어만 있으면 된다.
- 아이디어 = EB다.

52 마지막 항적이 수상하다

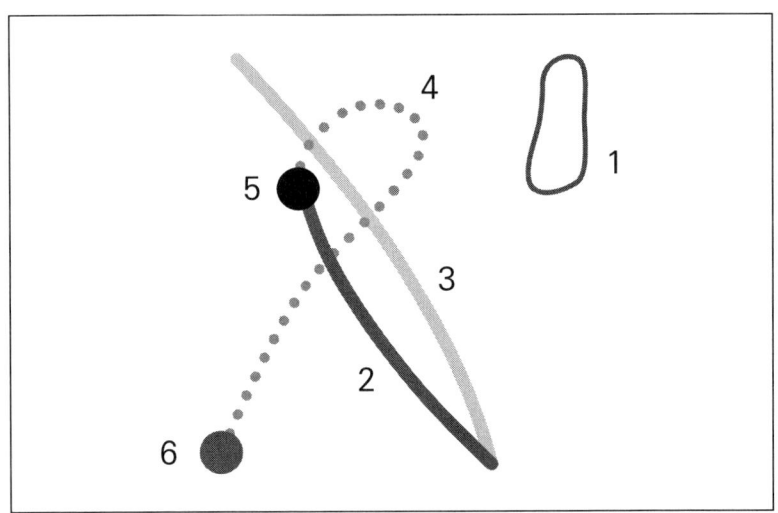

※ 그림의 지점

　1: 병풍도

　2: 실제 항적

　3: 원래 나와야 될 추정 항적

　4: 사고 후 항적

　5: 사고 지점

　6: 침몰 지점

- 인천에서 가던 배는) 이렇게 그림의 3과 같은 항적이 나와야 된다고 본다.

- 왜 2와 같이 나왔을까?
- 두 가지 이유다.
- 첫 번째는 방향 전환이다.
- 두 번째는 빨리 가기 위해서다.
- 2번과 같은 항적을 내는 방법은 평형수에 있다.
- 방향은 속도와 밸런스로 전환이 가능하다.
- 물론 EB는 몰랐겠지만 말이다.

53 결과는 정해져 있다

※ 시간
- 시간이 아무리 흐른다 해도 원인을 못 밝힐 이유가 없다.
- 시간이 지난다 해서 결과가 바뀔 수는 없다.

※ 비용
- 시뮬레이션 하는 데 비용은 들어가지만 최소한의 비용은 필수 불가결하다.

※ 브레인
- 문제 인지를 정확히 하는 사람
- 아이디어를 생각하는 사람이 필요하다.

- 뭘 봐야 할지 어디를 집중적으로 생각해야 하는지는 정해져 있다.

54 세월호를 이해하는 핵심 키워드는 무엇인가?

※ 시뮬레이션
- 오직 시뮬레이션으로만 해결 가능하다.

※ 비중
- 크기와 무게를 생각해야 한다.

※ 중력
- 이동 중 N은 중력을 발생시킨다.

※ 과압
- 보통 과압은 리버스시킨다.

※ 이동
- 정지가 아닌 이동 중 사고

※ 조류
- 유체를 간과하면 안 된다.

※ 결과
- 결과치가 일관성을 가져야 한다.

※ 극한 상황
- 기계 기준으로 최악의 상황

※ 아이디어
- 문제 해결을 위해 꼭 필요하다.

55 항적도의 이해

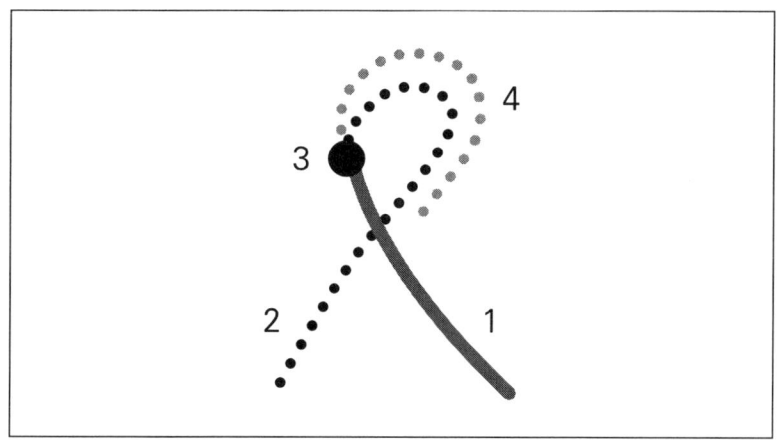

※ 그림의 지점

   1: 사고 전 항적도

   2: 사고 후 항적도

   3: 사고 지점

   4: 인간이 낼 수 있는 항적도

- 그림의 2는 인간이 낼 수 있는 항적도가 아니다.
- 인간은 배를 엎을 수 없다.

- 오직 기계만이 만들 수 있는 항적이다.

- 일관되게

- 앞으로는 인간도 그림의 2와 같은 항적도를 낼 수 있다.
- 시뮬레이션이 끝나면
- 사고 원인을 밝히는 것은 그런 기계를 만드는 것이다.
- 기계만이 이런 일관된 데이터를 낼 수 있다.
- 바로 그게 EB다.

56 기계에 영향을 미치는 요소

※ 인간
- 인간은 기계를 지배하려 든다.

※ 기계
- 일관성 있는 행동을 한다.

※ 환경
- 현장에서는 어떠한 일이라도 일어날 수 있다.

- EB는 인간의 착각이다.
- 원래 있었는데 인간만 모를 뿐이었다.

57 항적도에 따른 엔진 상태 분석

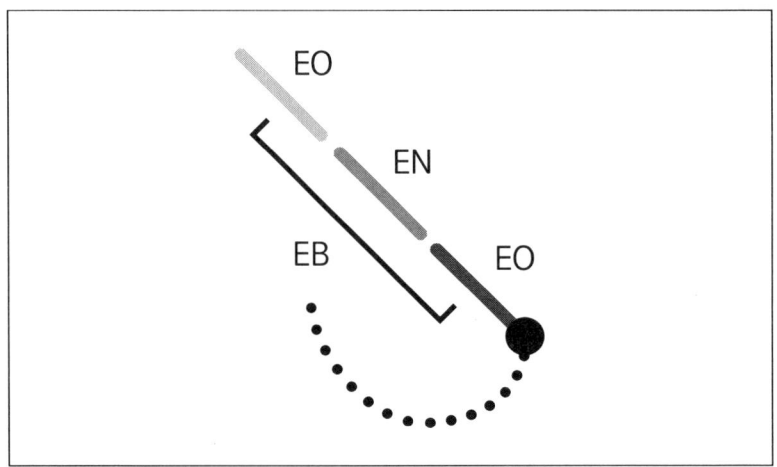

- 회색구간이 EB다. 약 3초 정도로 시간은 매우 짧다.

- 빨간색은 사고 지점이다.

- 결과적으로 마지막에는 정지하려 했다.
- 앞에는 협수로 구간이 보였을 것이고
- EN까지는 돌머리가 아니라면 충분히 알고 있을 것이다.

- 속도가 높았다는 것을 충분히 인지했다.

- 그래서 EO에서 EN으로 갔다.
- 인간은 기계를 편리하게 사용하기 위해 EN으로는 무리 없이 갔을 것이다.

- 17.5노트에서 사고 직전 10노트 가까이 갈 때까지 속도가 줄었다. 배에는 브레이크가 없는데 왜 속도가 줄었을까? 이 부분을 설명할 수 있어야 한다. 증명해야 한다.

- EN 구간은 엄밀히 따지면 사고가 아니라 할 수 있다. 사고라 넣어도 되고 안 넣어도 된다. 순수하게 보면 사고가 아니다.

- 다시 EN에서 EO로 가는 순간 EB가 온다.
- 선원들은 제주도로 가려고 한 게 맞다

- 거시적 관점으로 봐야 한다.

- 비중을 생각하면 EB(Engine Brake)가 보인다.

58 가능성

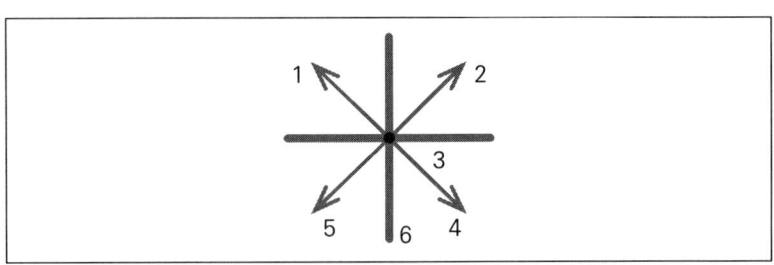

위 그림은 물체가 사고 후 흐를 수 있는 방향성을 그린 그림이다. 즉 세월호가 사고 후 이동 방향이 전체적으로 보면 랜덤 방향으로 흐를 수 있다는 것이다. 무게 중심이 급격하게 올라갔다가 내려온 이후에 이 물체가 갈수 있는 방향은 360°다. 기본은 랜덤으로 흐를 수 있다는 성질이 있다는 문제 인지를 정확히 이해해야 한다는 것이다.

문제를 해결하기 위해 단순성을 가져올 필요가 있다. 그래서 네 가지 정도로 압축해 봤다. 경우에 수는 많으나 단순화 한다는 건 문제를 해결하기 위함이다. 6번은 물체의 진행 방향이다.

여기서 1번과 2번 4번과 5번으로 단순화할 수 있다.

3번 사고 지점 기준으로 4번과 5번과 같이 항적이 나왔다면 누가 보더라도 물체에 의한 사고라 봐도 무방할 것이다.

모두가 알고 있는 실제 항적을 봤을 때 물체에 의한 사고를 제외한다면 1번과 2번과 같은 항적이 나올 수 있다는 것이다. 무언가 부딪

친 점이 없다는 가정 하에서 말이다.
또 다른 가정은 평형수의 위치에 따라 둘 중에 하나는 선택하여야 한다는 말이다.
사고 항적을 좀 더 좁혀 본다면 배는 왼쪽으로 기울여져 사고가 났다. 결과론적인 생각이다.
그랬더라도 왜 2번 쪽으로 간 이유는 첫째 전체적인 항적은 배가 우측으로 가고 있었다. 이때 관성이 발생했다 봐도 된다. 둘째 배는 중력이 발생하여 사고가 났기 때문이다. 여기서 중력은 기본이라고 본다. 어떻게 사고 났던 전체적인 배의 에너지가 우측으로 가고 있었고 배의 방향성은 이미 정해졌다는 배가 갈 수 있는 행동반경 안에서 생각해야 한다. 한없이 배가 엉뚱한 방향으로 갈 수는 없다고 본다. 셋째는 무게 중심이 올라가는 것은 그렇다 치더라도 이동하는 물체가 내려 올 때는 랜덤성이 존재한다는 것이다. 여기서 사고력을 심각하게 생각해 볼 사안이 있다. 대략 두 가지로 구분해 볼 필요가 있다. 첫째는 비중이 작은 물체는 랜덤성이 더 짙다는 것이고 둘째는 비중이 큰 물체는 랜덤성이 더 옅다는 것이다. 그래서 급회전 구간을 맞춰줄 수 있다는 말이다.

전체적인 흐름은 기본적으로 속도가 왜 줄었는지 문제 인지를 가져올 필요가 있다.

※ 이 또한 나의 상상력에 기인한 생각이다. 변화된 압력을 설명하려면 상상력이 필요하지 않은가 싶다. 충분히 가능하다고 보고 시뮬레이션의 필요성을 다시 한 번 말하고 싶다.

59   문제 해결의 기본

- 솔직해야 된다고 본다.
- 안 된다, 없다, 아니다. 왜 고정관념이나 자신을 먼저 생각하는지 모르겠다.
- 자신의 이익이 먼저인가?
- 최소한 '모르겠다'는 어떨는지….

- 정직해야 한다.
- 문제 해결에 있어 지식의 높고 낮음이 있다는 것은 본인의 착각인지 모르겠다….

- 문제 해결의 의지가 있다면 기본만 갖춰 줬어도 해결된다고 본다.

- 물론 세월호는 특수한 사고라지만 그 또한 상식 안에 있다고 본다.

- EB = 상식으로 본다.

60 고정관념

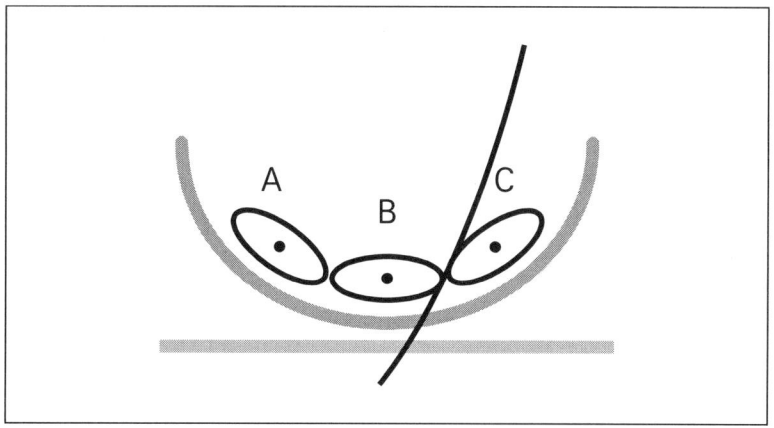

- 일반적으로 배는 브레이크가 없다.

※ 그림의 지점
  - 위 그림은 사고 현상이나 사고 형태를 쉽게 보기 위함이다. 실제로 그렇다는 이야기는 아니다.

  A는 비중이 낮은 배다.
  B는 천안함이다.
  C가 세월호다.

- 여기서 중요한 건 그림의 B를 보면 선경험이 있다는 것이다. 방법

이나 방향성을 이해할 수 있어야 한다. C는 경험하지 못한 세월호로서 아직은 증명이 안 됐다.

- 그러나 이동하는 대부분의 기계에는 브레이크 개념이 있다.
- 비행기, 자동차, 경운기, 트렉터 등등….

- 이동 중인 배에 있는 브레이크 개념을 아는 사람들은 세월호 선원들뿐인가 보다. 그래서 N을 알고 있었다.
- 강한 조류를 잊으면 안 된다.
- 프로펠러에 동력이 전달되지 않는 상태

※ 작금의 세월호를 보는 사람들의 고정관념이나 간과하고 있는 사안들
   1) 사고 시점(과연 몇 노트에서 사고가 났는가)
   2) N
   3) EB
   4) 유체
   5) 평형수

- 그러나 세월호 선원들은 EB는 몰랐을 것이다.

61   EN

- EN: Engine Neutrality

- 강한 조류 앞에서 운행 중일 때 EN은 정지하려는 힘이 온다.

※ 왜 EN을 놓을까?
  - 그 이유는 RPM 조절보다 더 정지하려는 힘이 강하게 오기 때문이다.
  - 그 힘은 EN과 EK는 같다.
  - 그러나 갑자기 정지하려는 힘을 주면 최악의 경우가 올 수 있다.
  - 무게 중심이 상승하기 때문이다.

- 오퍼레이션 개념으로 생각해 봤다.

- 큰 사고에는 다음 압력이 하나 더 있다.
- 물론 엔진이라는 범주 안에서 생각해야 한다.

- 세월호는 참 특별한 게 외력으로 유체의 힘이 하나 더 있다는 것이다.

62 기본에 충실해야 한다

※ 기본
- 속도와 평형수다.

- 솔직히 다른 거 아무리 파 봐야 안 나올 거라 생각한다.

- 기본은 되는데 사고가 났다? 이건 말도 안 되는 거다.

- EB는 어쩌면 인간의 영역이 아닌지 모르겠다.
- 기본도 안 됐는데 아이디어가 떠오르겠는가?

63 엔진

- 엔진은 동력을 발생시킨다.
- 바디와 별개로 움직일 수 있다.

※ 엔진의 역할
- 기어박스를 이용하여 동력을 조절할 수 있다.
- 궁극적으로 속도를 높였다 낮췄다가 가능하다.

※ 기어박스의 조정이란?
- 속도를 감소시킬 수 있다.
- 정지하려는 힘을 가져올 수 있다.

- 여기에다 더해서 속도를 급격히 감소시키는 것이 다음 압력인 EB다.

- 물론 강한 조류를 더한다면 말해서 무엇하랴.

64 배가 왜 흔들릴까?

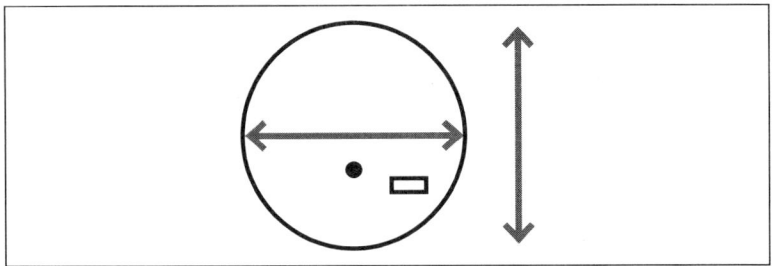

- 기본적으로 이동하는 기계에는 흔들림이 발생한다.

- 상하좌우
- 밸런스의 문제다.

- 기본적으로 바디가 흔들리는 문제는 엔진에 있다.
- 인간의 입장에서 봤을 때
- 물론 유체를 잊으면 안 되지만 말이다.

- 기계의 흔들림은 유체와 바디의 충돌로 발생한다. 그 원인은 중간에 엔진이 있기 때문임을 간과하면 안 된다.

- 궁극적 원인으로는 유체가 있다.

65   시간이 지나고 보면

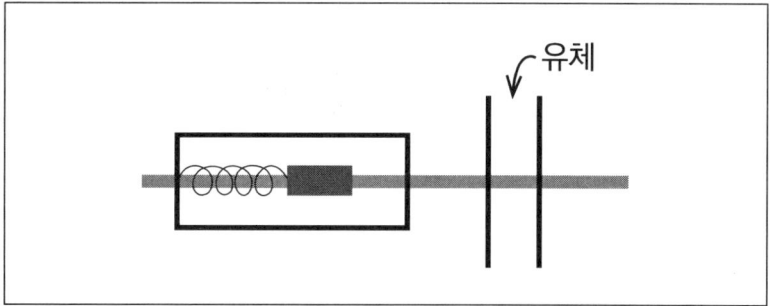

- 솔직히 다른 이야기는 하고 싶지 않다.

- 그러나 솔(솔로노이드 밸브)을 보는 관점에서 하수라는 것을 느낄 때가 올 것이다.
- 솔은 전체적으로 볼 때 부분성을 갖는다.
- 참 한심하기 그지없다.
- 이러다가는 압력의 증폭 장치인 부스터가 문제였다고 이야기 하는 사람도 나올 수 있다는 것이다. 엔진은 언제 볼 것인가?

- 중요한 것은 다시 한 번 강조하지만 비중을 생각해야 한다는 것이다.

66 엔진을 봐야 한다

- 바디 = 엔진

※ 인간과 엔진의 차이점
   - 인간은 호흡
   - 기계는 연료

- 기계는 최악의 상황이 엔진으로부터 온다.

67 N의 구분

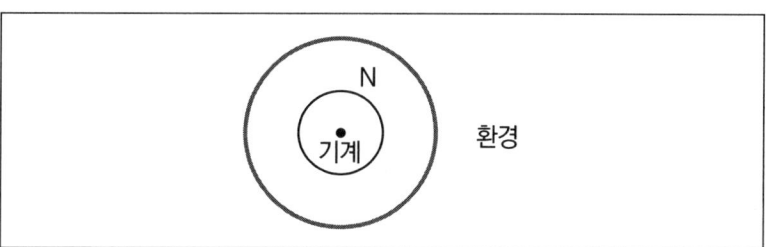

- N: Neutrality

※ 고속과 저속으로 가던 배의 N
  - 고속은 강력하게 정지하려는 힘의 작용
  - 저속은 살짝 정지하려는 힘의 작용

※ N은 강력한 에너지 상태를 의미
  - 고속의 의미 유지, 강력하게 정지하려는 힘
  - 그게 조류가 숫자상으로 낮았다 하더라도 말이다.
  - 즉 엔진은 풀가동 상태였다는 것이다.
  - 변화

- 결론적으로 기본 압력이 셌다는 걸 간과하면 안 된다.

- 최종적으로는 속도가 높았다는 게 문제였다.

68   거시적 흐름

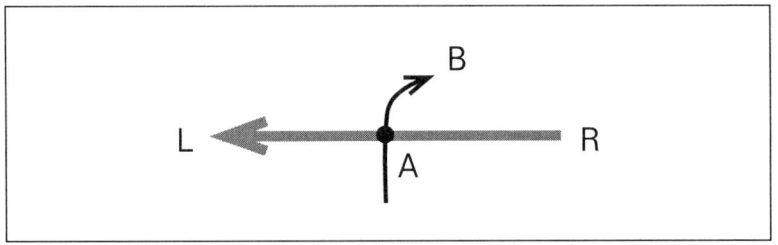

그림은 물체의 이동 중 무게 중심이 오른쪽에서 왼쪽으로 가다가 사고 A 지점에서 사고 후 B지점으로 이동한 상태다.

보통은 이동 중 무슨 연유였던 무게 중심이 급격히 올라간들 다 사고라 정의하기는 어렵다. 어떻게 사고인지 생각해 볼 필요가 있다.

첫째 이 물체는 사고 후 계속적으로 이동 중에 있었고

둘째 이 물체는 사고 전 R에서 L쪽으로 무게 중심이 이동중이었다. 사고 전 변화된 압력이 있었다고 볼 수 있다.

물론 이동 중 이 물체가 사고가 날 수밖에 없었던 기본적인 이유는 속도가 빨랐고 급격하게 정지하려는 N의 효과가 작용했던 것이고 평형수로 인해 무게중심이 좌측으로 기울어져 가고 있었다라고 생각해 볼 필요가 있다.

어찌됐든 이 물체의 방향성은 거시적 흐름을 보면 기계가 취할 수 있는 "행동반경" 안에서 움직였다고 볼 수 있지 않나 생각한다.

69 엔진의 효율성

- 엔진과 동력 전달 장치 사이에는 분리라는 원칙이 존재한다.

- System Ready가 필요하다.

- 엔진 가동 후 바로 출발하면 안 되기 때문이다.

- 엔진의 효율성을 극대화하기 위해, 또는 유지라는 의미를 부여하기 위해 동력 전달 장치는 아이들 상태를 가져갈 필요가 있다.

- 엔진으로 인해 정지하려는 힘이 생긴다는 것을 선원들은 충분히 알고 있었을 것이다.

70 아이디어를 간과하면 안 된다

- 문제 해결은 일반적으로 보는 것이다.

- 특수한 사고도 기존의 지식이나 보는 것으로 해결된다면 얼마나 좋으랴.

- 결론은 아이디어가 필요하다는 것이다.

- 얼마나 상식적이냐가 문제다.

71 세월호의 무게 중심선에 대한 생각

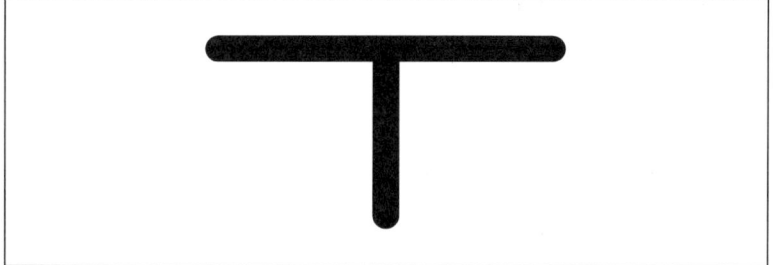

• 세월호의 무게 중심선이다.

• 문제를 해결하고자 하는 입장, 제3자의 입장, 목격자적인 입장이다.
• 세월호를 멀리 옆에서 봤다고 상상했다.

• 다양한 시각으로 상상해 봤다.
• ┬ → 영어의 T 자 같다.
• ┬ → 한자에서 고무래 정 자처럼 보인다.

• 고로 당기는 현상이 일어났다.

72   믿기 힘든 사고

- 굉장히 운이 나빴다.
- EB일 줄 누가 알았으랴.
- 또 유체(역조류)는 어떻고….

- 물론 기본에 충실하지 못한 점은 선원들이 책임을 져야 한다.
- 기본은 속도와 평형수다.

- 이런 사고의 문제는 앞으로는 안 일어날 수 있을 가능성이 크다.
- 끝까지 없다고 해도 할 말이 없다.

- EB로 인한 사고를 누구한테 이야기하기도 거시기하고 어떤 면에서는 중과실이라 참 믿기 힘들다.

- 유체는 더더욱 믿기 힘들 것으로 보인다.

73 시간에 따른 무게 중심 변화도

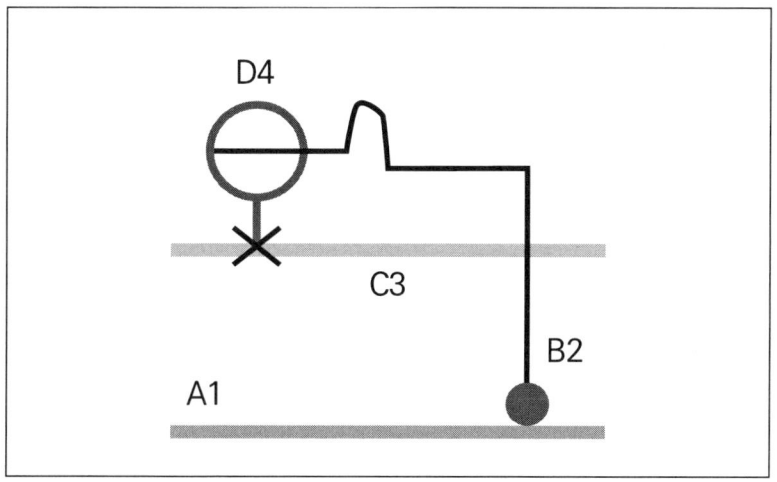

※ 그림의 지점
   A1: 해저
   B2: 무게 중심선
   C3: 바다 표면
   D4: 세월호

- 거시적 측면에서 봤다고 보면 편할 거라 생각된다.
- 전체를 이해하기 위해서는 기준점으로 무게중심을 생각해 봤다. 그림에서 보는 한 장의 그림은 몇 시간의 사고 변화를 한 장의

그림으로 상상해 본 것이다.

중요한 것은 거시적으로 보는 것과 옆에서 보는 것에 있다. 그래야 사고의 전체적인 흐름을 이해할 수가 있다.

74 EN에 대한 생각 변화

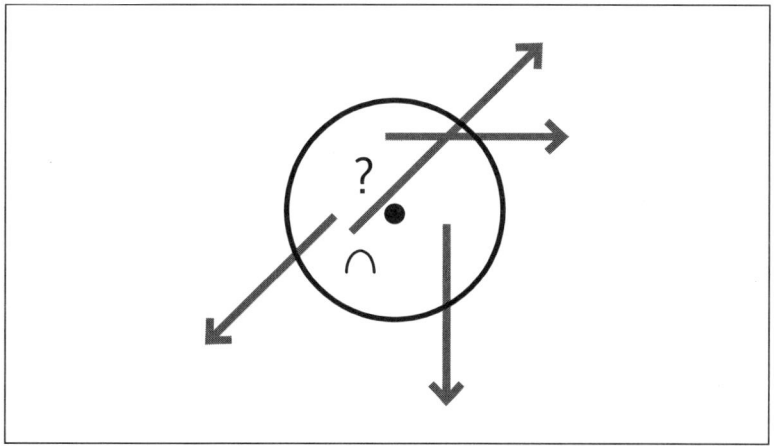

- EN: Engine Neutrality
- 엔진은 가동되는데 동력이 전달되지 않는 상태
- 궁극적으로 EN은 랜덤성이 있다.

- EN은 순수하게 엔진으로 인한 바디의 휴식과 다음 압력으로의 변화라고 할 수 있다.
- 휴식 → EK로 갈 수 있다. 단순히 휴식의 의미다.
- 변화 → 정지하려는 힘에서 더 정지하려는 힘으로 갈 수 있다. 예비 압력이라 할 수 있다.

- EB에는 반드시 EN 상태가 있어야 한다.

- 기계에는 변화되는 압력이 존재한다. 인간이 만들 수 있다.

- 그러나 배에서 EB는 몰랐을 것이다.
- 순수성에 위배되는 생각이라 생각조차 하면 안 되는지도 모르겠다.

- 그림은 기계 기점 N의 방향성에 대한 설명이다. 원은 기계, 화살표는 상하좌우, 점은 무게중심, ?는 출발점 세 개의 임의의 평균 방향성을 가리킨다. N은 기계와 무게 중심의 반지름이다.

75 현장 제일의 원칙

- 시간과 비용을 줄이는 것이다.
- 세월호도 별반 다를 게 없다.

- 그래서 빨리 가고자 했다.

- 급했던 게 문제였다.
- 기본인 속도와 밸런스만 어느 정도 낮추었다면 사고는 안 났을 것이다.

- S.B.EB 유체

76 이중 작업이 문제였다

- 평형수에 따른 좌우 대칭 결과 그림이다.

- 우측 평형수가 없는 상태에서 속도가 높은 걸 인지하고 정지하려 했던 게 문제다.
- 마음이 급했다.

- EN의 시간을 더 길게 가졌어야 했다.

- 물론 이미 지나고 나서야 아쉬움이 많이 남는 대목이다.

※ 우리나라 어느 사회나 어느 조직에 있을 것으로 추정된다.

77 시간이 지나고 나서의 문제 인지

- 세월호를 가장 많이 아는 사람은 누구일까?
- 조타실에 있던 선원들이다.
- 중요한 것은 선원들조차 사고의 원인을 모른다는 것이다.

- 사고의 시간이 많이 지났지만 관련 전문가들도 못 풀었다는 것을 생각해 볼 필요가 있다.

- 거시적 관점에서 새롭게 다시 문제 인지를 해본다면 사고와 관련하여 두 부류에 인간이 있는 것 같다. A라는 부류는 배를 쉽게 엎을 수 있다. B라는 부류는 배를 쉽게 엎을 수 없다. 아마도 난 B에 속하지 않나 생각된다. 어디를 어떻게 보는 건 자유지만, 문제 인지는 그렇다 치더라도 문제 해결만큼은 해내야지 않겠는가 하는 생각이 든다. 변화된 압력이 쉽냐 어렵냐의 문제이기도 하다. 문제 해결은 쉽게 풀어야 하지만 그 과정은 어려울 수 있다고 본다. 솔직한 부분이 문제를 해결한다고 본다.

- 결국 결론은 아이디어다.

78 무게 중심과 무게 중심

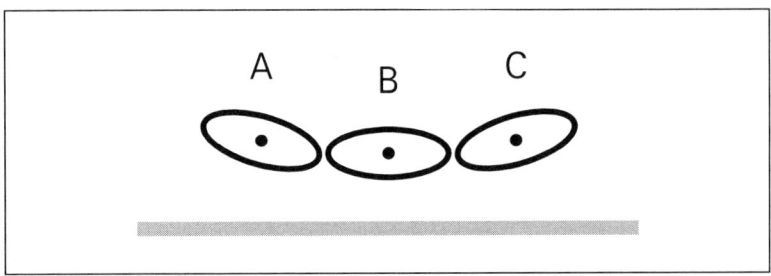

※ 그림의 지점

    A는 비중이 낮은 배

    B는 천안함 같은 경우

    C가 세월호다.

- 이동하는 물체를 어떻게 하면 들어 올릴 수 있는가를 생각해 봐야 한다.

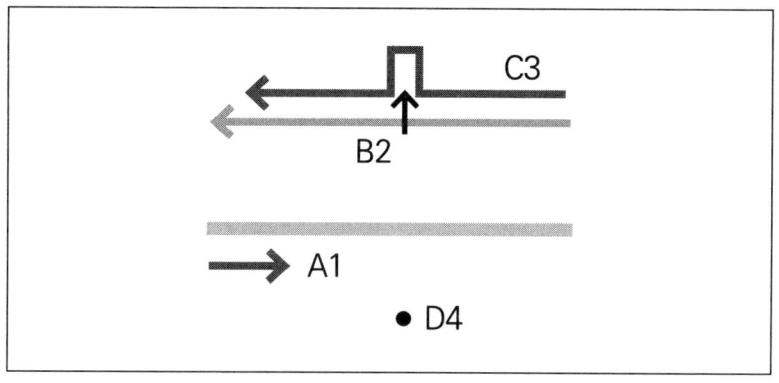

※ 그림의 지점
    A1: 역조류 상황
    B2: 평소 세월호의 무게 중심 진행 방향
    C3: 사고 당시 세월호의 무게 중심 방향
    D4: 사고 당시 바다의 무게 중심

- 바다의 무게 중심 기준 세월호의 무게 중심이 EB로 인한 급격한 상승으로 최악의 상황이 발생

- EB가 아니면 무엇으로 무게 중심을 들어 올리랴.
- 바디를 들어 올려야 한다.
- 엔진만이 바디를 컨트롤한다.

- 무게 중심을 이야기하는 것은 그것이 기준점이기 때문이다.
- 그러나 사실 세월호의 무게 중심을 분석하는 것은 상식적인, 필요

해서 하는 말이 아니라 어쩔 수 없이 하는 거다.
- 그래서 무게 중심의 형태만 이야기할 뿐이다.
- 무게 중심은 밸런스와 상관관계가 있다.

- 비중을 낮춰 생각해 보자.
- 자동차 도로에 과속 방지 턱이 있는 이유다.

- 문제 해결의 키포인트는 어떻게 하면 무게 중심을 들어 올릴 수 있느냐에 달렸다. 그 장치, 그 기계를 엔진에서 찾으면 된다.
- 추가: 엔진의 효율성에 대해서 생각할 필요가 있다. 사고의 형태를 이해하려면 말이다.

- 세월호의 사고는 두 번의 스킬과 두 번의 중력이 발생한 사고였다.
- 첫 번째는 평형수와 N이다.
- 두 번째는 무게 중심이 올라가는 만큼 지구가 당겼고, 리버스 이후 부력의 손실로 또 한 번 지구가 당겼다.

79   무게 중심의 입체도

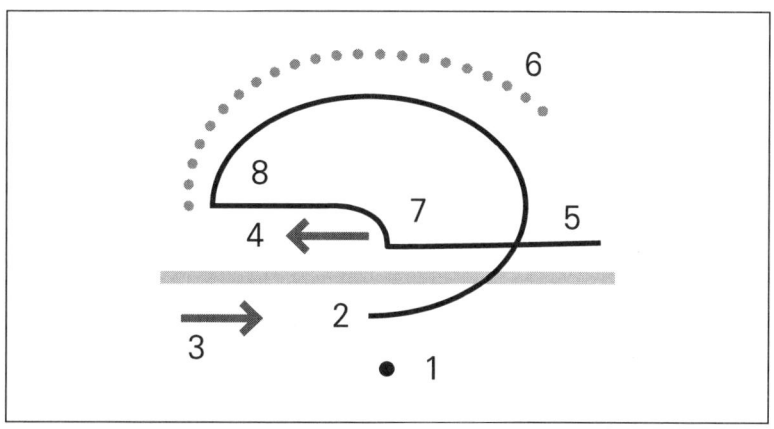

※ 그림의 지점

  1: 바다의 무게 중심이다.

  2: 사고 후 리버스 된 세월호의 무게 중심선이다.

  3: 역조류 방향이다.

  4: 세월호가 정상적이었을 때의 무게 중심선이다.

  5: 사고 직전 세월호의 무게 중심선을 상상해 봤다.

  6: 인간이 타를 정상적으로 돌렸을 때의 항적이다.

  7: 옆에서 봤을 때 세월호의 무게 중심이 올라간 것을 볼 수 있다.

  8: 위에서 봤을 때 세월호가 좌측으로 기울어져 가는 모습이다. 지구 기준으로 당겨 왔다.

- 세월호는 이동 중에 벌어진 사고였다. 그 어떤 것으로 무게 중심을 올릴 수 있단 말인가?
- EN, EK는 최소치로서 아니란 말이다.

80 세월호는 실전이다

- 문제 해결을 위해서는 수단과 방법을 가리지 말아야 한다.

- 고기도 먹어 본 사람이 먹을 줄 안다.
- 문제도 해결해 본 사람이 해결한다.

- 현장에서의 문제 해결은 가능하냐, 불가능하냐, 되냐 안되냐, 할 수 있냐, 없냐지 사무실에 앉아서 정보 분석만으로는 어렵지 않은지 모르겠다. 모르거나 안 되면 물어보고 시뮬레이션 해야 되지 않을까 생각된다. 솔직히 비중이 큰 문제를 해결해 본 경험은 없다. 그러나 인간에게는 순수함과 직관력이 있다. 내가 보고 느낀 점 말이다. 최소한 내가 본 세월호는 어떠했었다고 말이나 글로 표현해야 한다고 본다. 문제 해결은 내가 못 풀더라도 누군가는 풀 수 있도록 해줘야 되지 않겠는가.
- 비중이 높은 사고는 비중이 대체로 높을 사람들이 해결하면 되지만 지금의 현실은 비중이 낮은 문제로 인지하지 않나 생각된다. 시각에 따라 비중이 높냐 낮냐로 구분 지을 수도 있겠다. 비중이 낮은 문제였다라고 말해도 일견 맞는 부분이라 하겠고 나도 그런 점은 수긍이 간다.
- 하지만 어찌 됐든 문제가 있다면 무조건 풀어야 한다. 누굴 위해서가 아니라 모두를 위해서란 말이다.
- 누군가는 알고 있는 사람이 있을 수 있지만 아직은 시간이 필요한 듯하다.

추정도

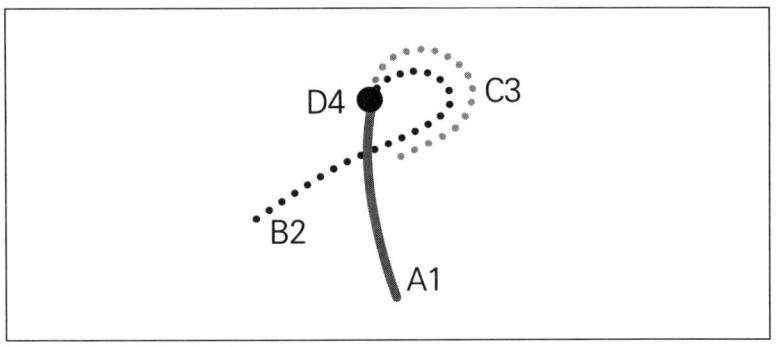

※ 추정도의 지점

　D4는 사고 예상 지점이다.

　C3는 인간이 할 수 있는 예상 항적이다.

　B2는 완전히 리버스 된 지점이다.

　A1은 인천에서 제주 방향으로 본 시점이다.

- 물체, 유체 다 뺀다면 나머지는 기계만 남는다.

※ 기계
  - 일정한 데이터값을 내기 위해서는 기계가 필요하다.

- 물론 유체도 필요하다.

82   유체를 넣은 이유

※ 기계
- 자력만으로 가능하다는 생각은 인간의 편협한 생각이다.
- 이동 중이었다.
- 순수하게 볼 필요가 있다.

※ 환경적 측면
- 있는 그대로 받아들일 필요가 있다.
- 역조류 구간이었다.
- 해당 지점을 입체적으로 보면 끝이 아닌 시작점이다.

※ 엔진 브레이크
- 보통은 그냥 앞으로 간다.
- 역조류 구간에서 엔진 브레이크가 걸린다면 급회전 이후 리버스 될 수 있다.

- 역시 비중을 생각해 보면 물체적 외력이 아닌 유체적 외력으로 봐야 한다.
- 물체와 유체 사이에는 엄청난 차이점이 존재한다.
- 물체는 인간이 만든 물건이거나 비중 있는 물체로 지구, 달 등등을 말한다.

- 유체는 자유롭거나 통제적으로 흐르는 물, 열, 기체 등이다. 집약하면 '흐름'이라 하며, 영어로는 N이라 한다.

- 사고 시점 이후의 항적은 유체가 만든 것이다.

- 세월호 앞의 유체는 무한 압력이고 절대 압력이다.

83 시간

※ 세월호를 이해하는 데 걸린 시간은 얼마나 될까?

- 속도: S → 5분
- 밸런스: B → 5분
- 압력: P → 10분쯤. E/P를 넣는 시간
- 유체: (넣을까 말까 고민된다. 결론은 있는 그대로를 봐야 한다는 것이다.)
  → 6개월

84 비중의 차이

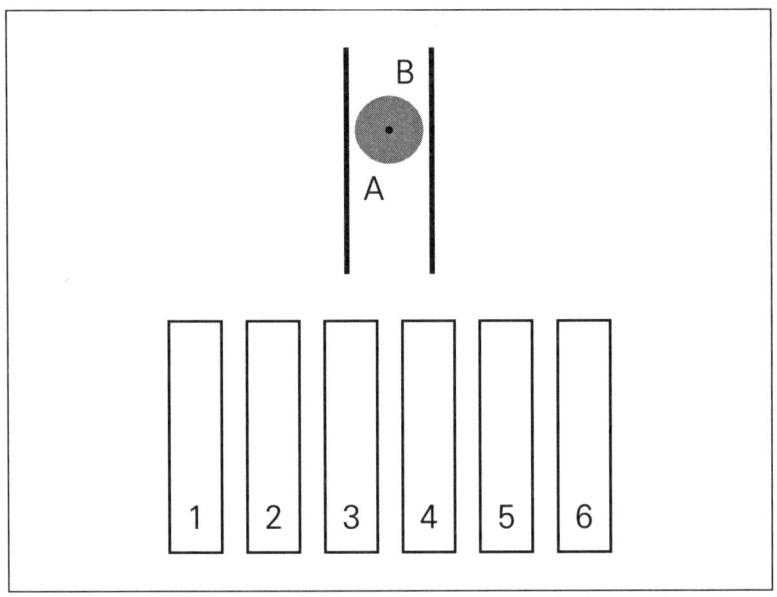

그림은 세월호의 무게 중심이 갑자기 급격하게 올라간 후 한계점에 다다른 후 흐를 수 있는 방향성을 생각해본 것이다. 비중이 작은 물체 A는 1~6까지 랜덤으로 흐를 수 있다는 것이다. 이유는 비중이 작기 때문이다. 비중이 큰 물체 B는 1~6까지 전부 무시하고 위에서 아래로 진행 방향 쪽으로 흐른다는 것이다. 그 비중이 만 톤에 육박하는 물체라는 것을 상상할 필요가 있다.

85   리버스에 대한 생각들

- 일반적으로 기계를 고정시켜 리버스시킬 수 있다.

- 보통은 고정된 기계에서 과압이 걸릴 경우 리버스 된다.

- 이동하는 기계에는 리버스가 없다.
- 예외적으로 만든 기계가 포클레인이다. 인간은 그냥 만들면 된다.

- 세월호 사고에서 배만 가지고는 원인을 찾아보기 힘들 수 있다.
- 거시적 안목으로 봤을 때 환경도 생각해야 한다.

- 결론적으로 세월호 이외의 조건을 보면 리버스가 가능하다는 걸 느낄 수 있을 거라 본다.
- 유체는 기본이니 간과해서는 안 된다는 것이다.

- 이동하는 기계도 조건만 갖추면 리버스시킬 수 있다.
- 예를 들어 비중을 한참 낮춰 생각해 보면, 자동차로 가파른 고개에 올라갈 때 낮은 속도에서 N을 놓으면 속도가 종국에 가서는 제로가 되어 리버스 된다.

- 압력 비례성의 원칙이 있다 할 수 있다.
- 배가 정지하려 한 만큼 유체가 밀 수 있다는 것이다.

- 사고, 급회전, 리버스. 일련의 과정을 볼 때 EB만으로는 설명이 약할 수 있어 유체를 넣은 것이다. 역조류 구간이었고 있는 그대로 봐야 하기 때문이다. 사실 세월호 앞의 유체는 숫자상으로는 그리 세지 않았다. 그렇다고 간과하면 안 된다. 비중을 생각해야 한단 말이다.

- 세월호에서 EN이나 EK도 궁극적으로는 리버스 된다. 다만 이 경우 엎지는 못한다.

- 오로지 EB와 유체만이 좌초시킬 수 있다.
- 혹시 ER 아니냐고 착각할 수 있다. 많이 부족한 생각이다. 시뮬레이션해 보면 알겠지만 EN이나 EK의 범주에서 크게 벗어나지는 않을 것이다.

86 엔진 브레이크

※ 순수하게 봤을 때
- 프로펠러에 동력이 전달되지 않는 상태에서 갑자기 동력이 전달되는 상태
- 동력을 끊었다 넣은 상태

- N 상태가 반드시 있어야 한다.
- 기본적으로 정지하려는 힘이 있다.
- 랜덤성이 있다.
- 보통은 자동차에서 내리막길에서 사용

- 세월호에서는 유체의 압력을 받는 상태에서 EB가 걸린 경우다.
- 자동차로는 오르막에서 EB가 걸린 경우

- 그냥 간다는 의미가 있다.
- 기본적으로 속도를 줄인다는 의미가 있다.
- 그러나 세월호에서의 EB는 밸런스가 깨졌다 보면 된다.
- 밸런스의 종류에는 VB(Vertical Balance), HB(Horizontal Balance)가 있다.
- 모든 기계는 VB와 HB를 동시에 봐야 한다. 둘 중에 뭐가 먼저고

뭐가 기본이냐면 VB가 먼저고 기본이다.
- 물론 세월호는 HB가 깨진 사고지만 그전에 VB가 깨진 사고라고 보면 된다.

87 전형적인 전기 사고 (Electrical Accident)다

- 세월호 = Electrical Accident
- 이동하는 기계는 원형성을 갖는다.
- 스태빌라이저에 무언가가 부딪히는 일관된 데이터가 있다.
- 배 왼쪽에 커다란 스크래치가 랜덤으로 나 있다.
- 일관성과 랜덤성이 동시에 있다.

- 결론은 엔진을 컨트롤하는 전기가 들어가 있기 때문이다.

88 인간과 기계

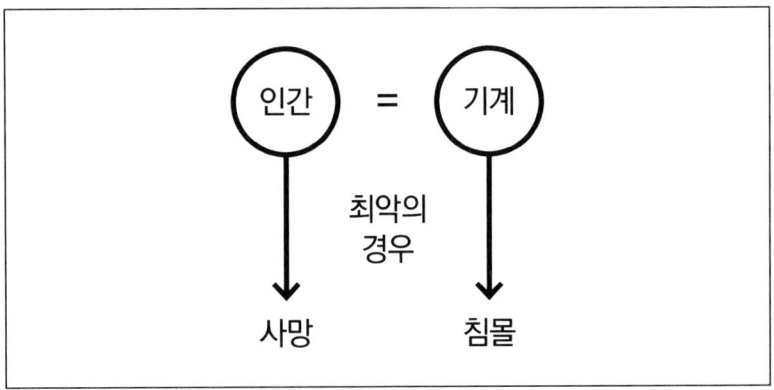

- 인간: 추운 겨울날 길거리를 가다가 찬바람을 쐬서 심장 마비가 왔다.

- 기계: 역조류 구간에서 EB로 인한 리버스 후 침몰했다.

- 전체적인 흐름은 인간의 과실로 본다.

89 accident

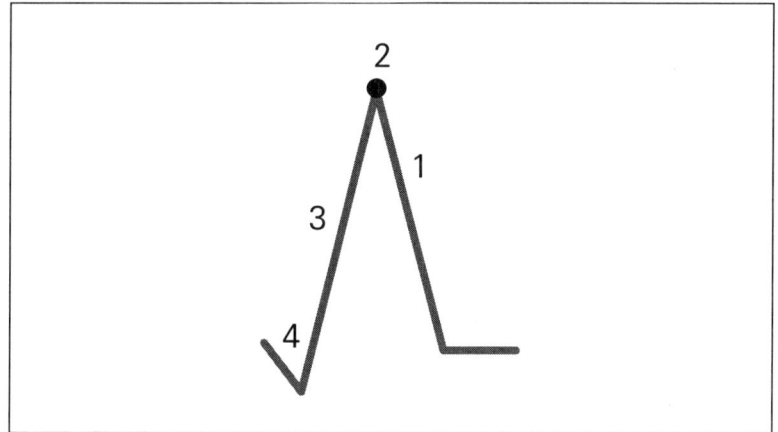

- 사고를 설명하기 위해서는 구분점이 필요하다. 경계점 혹은 한계점 말이다. 위 그림은 사고를 디테일하게 설명하기 위한 그림이다.
1) 이 구간은 과압, 아이디어, 유체, EB, 표면장력, 인간의 과실, 사고 전 급격하게 무게 중심이 올라가는 상황이다. 여기서부터 사고라 정의해도 되지만 꼭 그렇지만은 않다.
2) 이 구간은 이동하는 물체가 급격하게 올라간들 한계점이 있다는 것이다. 다른 말로 한없이 올라갈 수는 없다는 것이다. 최소한 지구의 입장에서는 말이다. 물체가 급격하게 올라가도 에너지의 한계성이 있다는 것이다. 엔진을 달지 않는 상황이라면 말이다. 여

기에서 문제를 해결하는 입장에서 봤을 때 내가 해야 할 것은 순수성이 필요한 부분이다. 그러나 사고를 일반화하기는 어렵다. 왜냐하면 급격히 올라간 물체가 올라간 만큼 그대로 내려온다면 그건 사고가 아니기 때문이다.

3) 물체가 정점을 찍은 후 내려오는 구간이다. 보통은 올라간 대로 그대로 내려오지만, 세월호는 특징이 있다. 이유는 두 가지다. 이동 중 물체의 무게 중심이 급격히 올라가 중력이 발생됐고, 관성이 작용됐다고 본다. 여기서 중력의 비중은 80% 이상이라 보면 되고 기본 압력이라 봐도 된다. 나머지는 관성이라 생각된다.

4) 급회전 시작 구간이다.

※ 나한테 순수한 구간은 1번 구간이지만 사고를 바라보는 전체적 흐름을 이해하는 구간은 3번 구간에서 순수성을 찾을 수 있겠다 생각된다. 이동 중이었기 때문에 그림과 같이 압력의 변화가 발생됐고 사고라 정의해도 된다고 본다. 압력의 변화는 사고를 설명할 수 있지만 그보다 순수한 면은 기존 압력의 상태에서 급격히 변한 압력을 이해하는 것이 순수하다고 볼 수 있다고 본다.

90 과연 사고를 낼 수 있는가?

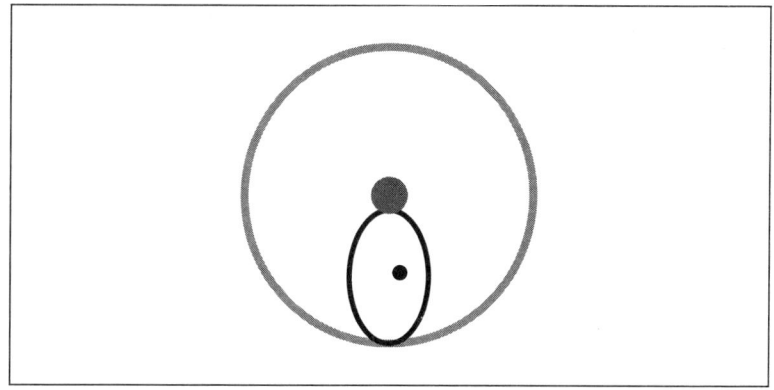

- 그림은 선수 포인트 기준으로 전체를 당겨 오는 거라고 생각하면 된다. 왜냐하면 세월호는 이동 중이었기 때문이다.

- 세월호를 보는 또 하나의 시각이 필요하다.
- 과연 사고를 낼 수 있는가 없는가이다.
- 엎을 수 있다면 일관성 있게 엎어 줘야 한다.

- 보통 세월호 기준으로 운전실 안에서 사고를 낼 수 있는가 없는가?
- 좀 더 디테일하게는 운전실 안에서 기계 조작만으로 사고를 일으킬 수 있느냐다.

- 그래서 기계가 필요하다.
- 물리적 소견으로는 거시적 혹은 폭넓은 의미에서 표면 장력으로 봐도 된다. 당겨 오고, 무게 중심을 들어 올린다.
- 단, 빼도 되고 넣어도 된다. (현장 생각이다.)

사고를 밝히려면 목적성과 명확성이 필요하다. 설령 인간들이 그러하지 않게 행동했다손 치더라도 한 가지 사실들을 알아내기 위해서는 시뮬레이션이 필요하다. 일관성을 찾아내기 위해서 말이다. 어느 정도의 표현이 필요하냐면 "세월호는 시뮬레이션으로 누구나 아무나 인간사가 멸종할 때까지 반복 확인 가능해야 한다."는 것이다. 다른 말로 가역성을 느끼게 해줘야 한다는 것이다. 이렇게 하는 것이 문제 해결이고 문제 해결은 또 그렇게 해줘야 한다.

- 결론: 일관되게 엎어야 증명이라 할 수 있다.
- 일관되게 엎지 못하면 증명이 안 된다고 생각하면 된다.

91 멀쩡한 배

- 멀쩡히 가던 배가 갑자기 사고가 났다?
- 그걸 누가 믿으라고?
- 선원들이 배를 가장 잘 아는데 원인을 모르겠다고 한다. 문제는
- 러더가 돌아가거나 물체에 의한 사고가 아닌 멀쩡히 가던 배였다는 것으로 볼 수 있다.
- 순수한 상태
- 인간이 기본적으로 할 수 없거나 상상하지 못했던 상태라고 생각해 볼 필요가 있다.

- 중요한 건 조타실에서 무언가를 만졌을 것이라는 것이다.
- 이유 없이 사고는 나지 않는다.
- 뭔가 이유가 있을 것이다.

- 여기서 생각해야 할 것은 기본적으로 뭘 만졌는지를 상상하는 것이다.

- 그게 바로 EN이다.
- 쉽게 놓을 수 있을 것이다.

92　사고의 정의

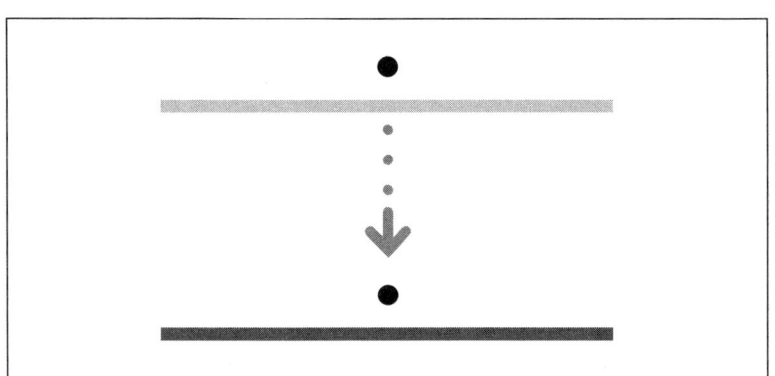

- 물론 해결해야 한다.

※ 사고란
    1) (행태론적 관점에서) 세월호가 가다가 되돌아오는 것
    2) 기본적으로 무게 중심이 낮아지는 것

- 세월호의 사고 원인을 밝히는 것은 기계를 만드는 게 아니라 이미 만들어진 기계의 압력 변화를 이해하는 것이다. 사고가 날 수 있는 시스템의 이해가 필요하다.
- 물론 사고가 날 수 있는 기계를 만들면 좋지만 그건 비용과 계산이 문제라고 본다.

- 아이디어가 필요한 것이고 계산은 차후에 시간을 가지고 천천히 해도 된다.

사고를 이야기하거나 정의를 하려면 압력의 변화를 설명하거나 다른 말로 무게 중심의 변화를 이야기해야 한다는 것이다. 무게 중심의 변화가 없이 사고가 날 수는 있지만 보통의 상식적인 생각은 최악의 경우에 사고는 압력의 변화가 있었다고 볼 수 있다. 보통의 상식은 무게 중심이 낮아졌다 보면 된다. 기계는 보통 VB와 HB를 봐야 한다. 세월호에서는 사고를 보통 HB만을 생각하는 듯하다. 진실은 VH의 변화를 생각해 볼 필요가 있지 않나 생각된다.

- 개인적인 생각으로는 미래에 문제를 해결하는 것이 최상이 아닌가 싶다.

93　압력의 변화

- 모든 사고에는 압력의 변화가 일어난다.
- 그게 사고다.

- 작게 일어나면 작은 사고, 크게 일어나면 큰 사고
- 비중이 큰 사고
- 특수한 사고
- 전기가 포함된 사고
- 증거 찾기가 애매한 사고
- 그러나 두 가지 이상의 숨은 스킬이 반드시 있다. 그중 하나가 평형수다.
- 유체와 물체의 충돌 사고
- 무한 압력과 유한 압력의 충돌 사고

- 예를 들면 인간이 걸어가다 돌부리에 걸려 넘어질 뻔한 경우랑 인간이 뛰어가다 돌부리에 넘어진 경우다.
- 기본적으로 속도가 높았던 게 문제였다.
- 이 돌부리가 세월호에서는 유체라는 게 참 믿기 힘들다.

- 중요한 건 인간의 대처다.

- 무게 중심이 이동할 정도의 사고라면 누군가는 희생을 각오해야지 않겠는가.

94 문제를 해결함으로써
사기 진작에 좋은 본보기가 될 수 있다

- 문제 해결은 누구나, 아무나 할 수 있다.

- 결과는 상식 안에 있고 간단하다.

- EB를 모르는 바보는 없을 것이다.

- 이번 세월호 사고 원인을 밝힘으로써 국민의 사기를 높일 필요가 있다.

95 가중 압력

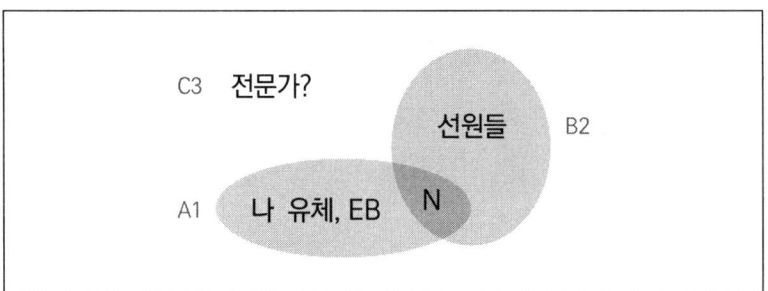

※ EN
- 일반적으로 인간은 EO에서 EN을 쉽게 놓을 수 있다. 이동 중에 말이다.
- 압력의 변화가 일어났다 할 수 있다.
- EN만으로도 정지하려는 힘이 온다.

※ EB
- EN에서 EB로 압력의 변화가 왔다면 정지하려는 힘을 더 정지하려고 하기 때문에 나는 이걸 가중 압력이라 하고 싶다.

※ 순수한 엔진
- 엔진으로 인한 압력의 변화가 왔다손 치더라도 엔진이 부서지거나 어디 가는 것도 아니라 엔진의 효율성 안에서 문제를 해결해야 된다고 본다.

96 사고 직전

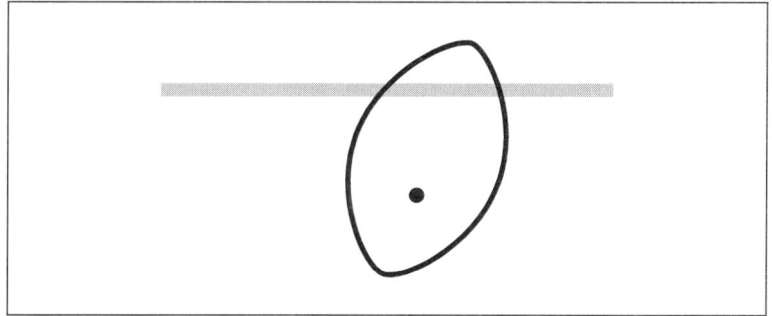

- 선원들이 거짓말했을 리 없다.

- 러더를 움직이지 않고 들이받지 않고 사고가 난 것이다.
- 인간에게는 거의 불가능한 사고인 셈이다.

- 사고의 원인이 잘 드러나지 않는 이유는 엔진에서 생각해 보면 EB 는 어쩌면 잠재성이 있기 때문인지 모르겠다.

97 소리

※ 사고에는 반드시 소리가 있다.
- 기계음
- 엔진음
- 충격음 등등

- 순수한 소리에 대한 분석이 필요하다.
- 조용하다 갑자기 소리가 난 부분을 집중적으로 살펴볼 필요가 있다.

- 전문가의 의견이 필요하다.
- 솔직히 나 혼자 일을 다 할 수는 없다.

- EB로 인한 엔진음이라 생각하는데 제3자의 보다 객관적인 분석이 필요하다. 가미가 필요한 부분이고….

- 새로운 블랙박스에서 이번에는 추가적인 엔진음을 기대한다.
- 지진 연구소, 전파 연구소 등등 추가적인 증거를 내세울 수 있으면 좋지만 지금은 엔진음이라는 연구 결과가 나왔으면 한다.

- 물론 시뮬레이션만으로도 문제 해결은 되지만 말이다.

98   왜 EB는 없다고
생각하는 것일까?

- 이동하는 기계에는 엔진이 있다.
- 물론 보통 리버스는 없다.
- 그러나 조건만 맞으면 N 상황 하에서는 가능하다는 걸 인지할 필요가 있다.

- 공통분모를 생각해야 한다.

- 배는 특별한 기계가 아니다. 비중만 클 뿐이지….

- 모르면 없다고 생각하는 것일까?
- 왜 배만 없다고 하지….

- 아마도 유체를 이해하려면 시뮬레이션이 필요할 거다.
- 강한 조류를 느끼기는 더더욱 힘들 것이다.

- 최소한 그 어느 누구라도 304분 앞에 부끄럽지 않은 말과 행동이 필요하다. 앞으로는 말이다.

99 두 개의 강력한 압력

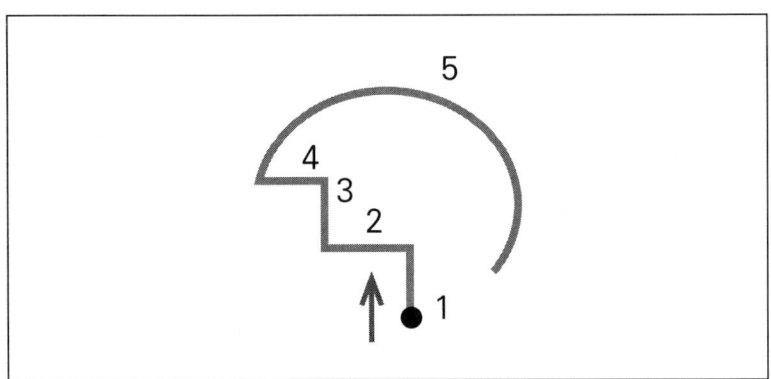

(위 그림은 무게 중심 변화의 종합 상세도다)

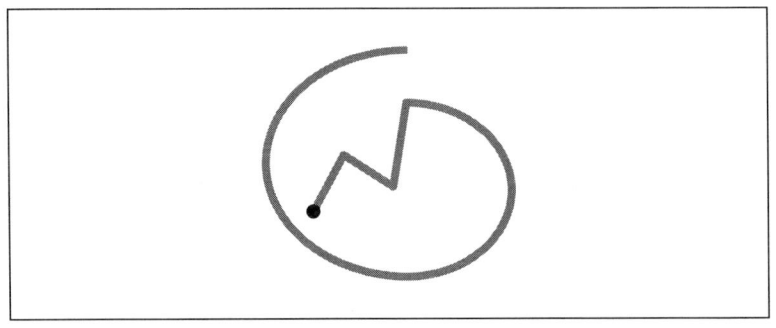

(위 그림은 무게 중심 변화의 다양한 시각이다)

- 세월호 기준으로 사고 전 조타실에서 뭘 만졌는지 알 수 없다.
- 그냥 가던 배가 아무것도 만지지 않았는데 사고는 날 수 없다는 것이다. 무언가는 만졌다는 이야기다.
- 물론 상식적인 수준에서 만졌겠지만 말이다.
- 눈에 보이고 알고 있는 것은 1%에 불과하다.

- 사고는 기존 기계의 압력에서 변화된 기계의 압력을 상상하는 것이다.

- 결과는 간단하고 상식 안에 있기 때문에 굳이 어렵게 갈 필요가 없을 것 같다.

- 증명하기 위해서는 시뮬레이션이 필요하다.
- 엔진은 기계니까 시뮬레이션이 가능하다.

- 고추장인지 된장인지 꼭 먹어 봐야 맛을 아는 것은 아니다.
- 그래도 누구나 알 수 있게 상식적으로 접근 가능하게 보여 줄 필요가 있다.

※ 세월호 사고의 문제 해결이 어려웠던 이유
- EB에 잠재성이 있어 아이디어가 절대적으로 필요했다. 물론 기본에 충실했더라면 좀 더 일찍 발견하지 않았을까 생각된다. S(Speed), B(Balance)에서 가능하지 않았을까 생각된다.
- 비중을 생각하여 유체 압력을 생각하기도 어려웠을 것이다. 왜냐하면 인간은 세월호에 비해 비중이 작기 때문이다.
- 사고란 변화된 압력, 즉 밸런스 압력이 깨졌다 생각하면 된다. 여기서의 밸런스 압력은 VB과 HB로 구분된다. 결론은… 버티컬 압력이 오버됐다고 보면 된다.
- 무게 중심을 갑자기 들어 올린 다음의 사고는 보통은 랜덤으로 흐르는 게 문제였을 것으로 본다. 그러나 뭔가에 부딪힌 점이 없는 것이 장점이고 좌나 우 중에서 좌측으로 기운 또 하나의 장점이 존재할 수 있고 가능하다고 생각한다.
- 사고의 원인은 보통은 한 가지이지만 세월호는 비중이 커서 두 개의 강력한 압력이 필요하다.

- 시뮬레이션 결과치는 그 누구라도 인정하지 않을 수 없을 것이다.

※ 세월호에 대한 마지막 생각
- 시작이 있으면 끝이 있어야 한다 생각한다.
- 세월호에 대한 상상은 여기까지인 것 같다.
- 앞으로도 생각이 나거나 상상할 수 있다면 부분적으로 조금은 더하겠지만, 1~99 안에서 적을 수 있을지 모르겠다.
- 시뮬레이션이 끝나면 나의 역할은 다한 것 같다 생각된다.
- 시뮬레이션 이후에는 전문가의 영역이라 생각되고 또 그렇게 해야 정석이 아닌가 싶다.

- 이 모든 것은 본인이 느끼는 게 중요하다.

- 304분을 기리며….